어린이를 위한
동물 복지
이야기

어린이를 위한 동물 복지 이야기

초판 1쇄 발행 2018년 8월 20일
초판 9쇄 발행 2024년 6월 5일

지은이 한화주
그린이 박선하
펴낸이 이지은 **펴낸곳** 팜파스
기획편집 박선희
디자인 조성미 **마케팅** 김서희, 김민경
인쇄 케이피알커뮤니케이션

출판등록 2002년 12월 30일 제 10-2536호
주소 서울특별시 마포구 어울마당로5길 18 팜파스빌딩 2층
대표전화 02-335-3681 **팩스** 02-335-3743
홈페이지 www.pampasbook.com | blog.naver.com/pampasbook
이메일 pampas@pampasbook.com

값 12,000원
ISBN 979-11-7026-216-9 (73490)

ⓒ 2018, 한화주

· 이 책의 일부 내용을 인용하거나 발췌하려면 반드시 저작권자의 동의를 얻어야 합니다.
· 잘못된 책은 바꿔 드립니다.

> 이 도서의 국립중앙도서관 출판시도서목록(CIP)은 서지정보유통지원시스템 홈페이지
> (http://seoji.nl.go.kr)와 국가자료공동목록시스템(http://www.nl.go.kr/kolisnet)에서
> 이용하실 수 있습니다.(CIP제어번호: CIP2018023166)

어린이를 위한
동물 복지 이야기

한화주 글 · 박선하 그림

팜파스

어린이
친구들에게

    '동물 복지'가 무슨 뜻인지 알고 있니? 동물이 뭔지는 잘 아는데 '복지'가 무슨 말인지 모르겠다고? 복지란 '행복한 삶'이라는 뜻이야. 그러니 동물 복지는 '동물의 행복한 삶'이라는 말이 되지.

    '동물'이라고 하면, 사람들은 대부분 자연에서 자유롭게 살아가는 동물들의 모습을 떠올려. 숲과 초원을 누비며 제 습성대로 먹이를 찾아 먹고, 새끼를 낳아 기르거나 무리를 지어서 사는 모습을 생각하는 거야. 그래서 동물의 삶도 우리와는 별 상관이 없다고 여겨. 하지만 과연 그럴까?

    찬찬히 따져 보면 우리의 생활 속 많은 것이 동물과 관련이 있어. 밥

　상에 오르는 달걀은 닭이 낳은 거야. 맛있는 불고기와 돼지고기볶음 같은 고기반찬은 소와 돼지의 살코기이지. 가방과 신발, 벨트, 소파 등 우리가 사용하는 많은 물건이 동물의 가죽으로 만들어 졌어. 양의 털이 섞인 스웨터도 있고, 겨울 점퍼의 속은 오리나 거위의 털로 채워진 것이 많아. 옷깃이나 모자 끝에는 토끼나 여우, 라쿤 등의 털가죽이 장식되어 있기도 해. 또 우리가 병이 났을 때 먹는 다양한 약은 동물 실험을 거쳐서 만들어 졌단다.

　어디 그뿐이야? 마트 한쪽이나 동물 병원 앞을 지날 때면 진열장에 갇힌 귀여운 강아지들을 쉽게 볼 수 있어. 길에서 길고양이를 보는 것

도 어려운 일이 아니지. 개와 고양이 같은 반려동물을 기르는 집도 아주 많아. 가끔은 동물원에 놀러 가서 다양한 동물을 구경할 수도 있어.

그러고 보니, 사람들에게 이용되는 동물도 많고, 야생이 아닌 사람과 가까운 곳에서 살아가는 동물도 참 많지? 그렇다면 이런 동물들의 삶은 어떨까? 과연 제 습성대로 자유롭게 살아가고 있을까? 아니라면 어떻게 살아가는 것일까? 그 대답은 책장을 넘기면 자세히 들을 수 있을 거야. 토리라는 귀여운 강아지와 닭을 기르는 꼬꼬 마을 사람들, 주인에게 버려진 개와 고양이, 그리고 동물원과 서커스단에서 살던 코끼리들을 만나면서 말이지.

　이 책을 통해서 몰랐던 동물들의 삶에 대해 알게 되고, 우리는 어떻게 해야 하는지도 생각해 볼 수 있었으면 해. 그리고 마지막으로 이 말을 꼭 전하고 싶구나. 생명을 지닌 모든 것은 그 자체로 귀하고 소중하다고…….

한화주

차례

어린이 친구들에게 …4

이야기 하나

토리는 장난감이 아니야!
동물의 감정과 소통, 행복한 생활에 대한 동물 복지 이야기

토리야, 자꾸 울면 안 돼! …14

토리는 장난감이 아니야! …21

토리의 마음에 귀를 기울이면 …26

동물도 감정이 있어요!   36

인간만 안다고? 무슨 소리? 다른 동물들도 안다고! • 동물의 다양한 언어 세계를 볼래? • 웃는 동물, 슬퍼하는 동물 • 인간과 가장 가까운 동물, 반려동물 • 혹시 동물에 대해 어떻게 생각하니?

이야기 둘

꼬꼬 마을에 큰돈을 벌어다 주는 축산 공장이 생겼대!

사람에게 이용되는 동물과 대규모 축산 농장으로 보는 동물 복지 이야기

깜장이가 또 사라졌다! …52

꼬꼬 마을이 부자가 되는 법 …60

우주 최고 달걀을 만드는 꼬꼬 마을의 선택 …68

사람에게 이용되는 동물들의 슬픈 이야기　　　　　　**76**

1만 년 전, 야생 동물이 우리집으로 • 더 많은 가축을 더 쉽게 기르는 방법 • 공장식 사육장에서 닭과 돼지는 어떻게 살아갈까? • 가축의 복지를 위해 어떤 노력을 기울일까? • 털과 가죽은 우리에게 어떻게 오는 걸까? • 윤리적 패션, 모피 옷을 입지 말자 • 일부러 병에 걸리게 한다고? 실험실 속 동물들 • 찬성? 반대? 동물 실험에 대한 너의 의견은 어떠니?

이야기 셋

유기견 다롱 할아버지와 들개 막내는 어떻게 살아가게 될까?

사람에게 사랑받다 버려지는 반려동물의 삶과 동물 복지 이야기

들개 막내가 도시 마을로 나간 날 …96

다롱 할아버지는 과연 주인을 만났을까? …105

가족이라고 불렸던 동물을 왜 버릴까? 114

버려지는 반려동물이 이렇게나 많다고? • 지금 사고파는 그 동물도 생명이 있다는 걸 명심해! • 가게에서 팔리는 강아지들은 어디에서 왔을까? • 버려진 개들은 어떻게 될까? • 길고양이의 고단한 삶을 들어 볼래? • 혹시 고양이 엄마를 알고 있니? • 버려지는 동물을 위해 우리가 할 수 있는 일

이야기 넷

우리가 즐거운 만큼 코끼리도 즐거울까?

사람에게 즐길 거리로 이용되는 동물에 대한 동물 복지 이야기

다바의 이야기 …130   쿠푸의 이야기 …135
뚜뚜와 따따의 이야기 …140   코끼리들의 이야기 …144

우리가 즐거운 만큼 동물들도 즐거울까? 150

사람들을 위해 동물들이 '오락 상품'이 되었어! • 동물원에 있는 동물들의 행동이 이상해! • 이제 동물원이 변해야만 해! • 서커스단의 동물 쇼에는 불편한 진실이 숨어 있어! • 수족관에 갇힌 돌고래의 슬픈 이야기 • 동물 쇼를 금지하자는 목소리가 높아지고 있어! • 다양한 오락에 희생되는 동물들이 아직도 많아! • 모든 동물들이 행복한 세상을 위해 우리는 어떤 일을 할 수 있을까?

동물의 감정과 소통, 행복한 생활에 대한
동물 복지 이야기

이야기 하나

토리는
장난감이 아니야!

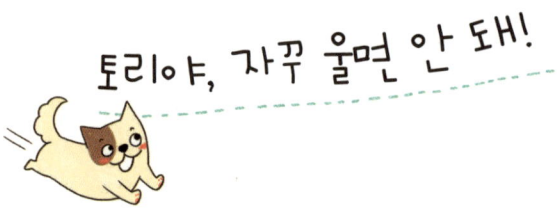

토리야, 자꾸 울면 안 돼!

"우~~~!"

집들이 옹기종기 모여 있는 골목에 괴상한 소리가 울려 퍼졌어요. 늑대의 울음소리 같기도 하고, 노래를 지독히 못하는 사람이 억지로 높은음을 짜내는 소리 같기도 했지요.

"오우, 우~~~!"

소리가 계속되자 누군가 창문을 벌컥 열고 외쳤어요.

"시끄러워 죽겠네! 좀 조용히 해!"

괴상한 소리는 뚝 멈췄어요. 그러나 이내 다시 "우우~~~!" 하고 조용한 골목을 울렸지요.

그날 저녁, 이웃집 아줌마가 준이네 집을 찾아왔어요.

"어쩐 일이세요?"

"준이 엄마! 이 집에서 얼마 전부터 개 키워요?"

"네……."

"역시 그랬구먼. 내가 어지간하면 참으려고 했는데, 시끄러워서 견딜 수가 있어야지."

"어머! 토리, 그러니까 우리 집 개는 좀처럼 안 짖는데요. 설마! 오늘 낮에 시끄럽게 짖었어요?"

"어휴. 차라리 짖으면 낫게요? 어찌나 요상한 소리로 울어 대는지 몰라."

"예에?"

"며칠 전부터 잠깐씩 그러더니, 오늘은 아주 심하게 울더라고."

"아, 그랬군요. 죄송해요."

엄마는 이웃집 아줌마에게 사과했어요. 준이는 방문 밖으로 고개를 삐죽 내밀고, 그 모습을 지켜보았어요. 아줌마가 돌아간 뒤, 엄마는 심각한 얼굴로 말했어요.

"음. 아무래도 토리에게 문제가 생긴 것 같구나."

엄마의 말에 걱정이 잔뜩 묻어 있었어요. 하지만 준이는 별거 아니라고 생각했어요.

"엄마, 내가 토리에게 그러지 말라고 할게. 토리야! 너 혼자 있을 때 이상한 소리로 노래 부르면 안 된다!"

토리는 꼬리를 살랑살랑 흔들었지요.

준이가 토리를 만난 건 작년 여름 방학 때였어요. 시골 외할머니 집 마당으로 들어서자, 털 뭉치 같은 강아지 네 마리가 앙증맞은 꼬리를 흔들며 준이를 반겼어요. 토리도 그 가운데 한 마리였지요.

"와! 귀엽다!"

준이는 외할머니 집에 머무는 동안 강아지들과 신나게 놀았어요. 강아지들과 함께 마당을 뛰어다니고, 밭으로 가는 외할머니의 뒤를 쫄래쫄래 따라가기도 했어요. 준이는 강아지들 중에서도 토리를 가장 예뻐했어요. 토리도 준이를 잘 따랐답니다.

서울 집으로 돌아와서도 준이는 토리를 잊지 못했어요.

"엄마, 우리 집으로 토리 데려오자!"

"턱도 없는 소리!"

"엉뚱하게 턱 얘기가 왜 나와! 토리를 데려오자니까."

"뭐? 푸하하."

엄마는 어이가 없다는 듯 웃었어요. 하지만 곧 웃음을 멈추고 딱 잘라 말했어요.

"안 돼!"

엄마가 단호하게 안 된다고 했지만 준이는 포기하지 않았어요. 그 뒤로도 준이는 틈만 나면 토리를 데려다 기르자고 엄마, 아빠를 졸랐어요.

엄마, 아빠는 준이의 부탁을 들어주는 대신, 주말에 가끔 시골 외할머니네로 준이를 데려갔어요. 그때마다 토리는 부쩍부쩍 자라 있었어요. 그래도 여전히 귀여웠고, 준이를 잘 따랐지요.

그러던 겨울 방학, 마침내 토리는 준이의 품에 안겨 서울로 오게 되었어요. 준이가 며칠 동안 떼를 쓰고, 눈이 퉁퉁 붓도록 한나절을 울고, 엄마와 아빠는 물론이고 외할머니까지 졸라 댔거든요.

토리와 함께 지내게 된 준이는 뛸 듯이 기뻐했어요. 하지만 토리는 도통 기운이 없었어요. 밥도 잘 먹지 않고 구석에 가만히 웅크리고만 있었지요.

"토리야, 왜 그래? 나랑 놀자!"

준이의 말에도 토리는 엎드린 채 귀만 쫑긋했어요.

"엄마! 토리가 왜 저래?"

"이곳이 낯설고, 엄마랑 형제들이랑 헤어져서 그럴 거야. 만약 네가 엄마 곁을 떠나서 낯선 곳에서 살게 된다면 기분이 어떻겠니?"

"음. 슬프기도 하고, 걱정스럽기도 할 것 같아."

"그래. 토리도 그런 거야. 그러니까 네가 토리를 잘 돌봐 줘야 한다."

"응!"

준이는 고개를 크게 끄덕였어요.

그렇게 토리는 준이네 가족과 자그마한 빌라 안에서 살게 되었어요. 그곳은 시골집 마당과는 비교할 수 없을 만큼 좁았어요. 포근한 엄마의 품도, 뒹굴며 장난치던 형제들도, 시시때때로 날아드는 새들도, 풀밭을 폴짝폴짝 뛰어다니는 풀벌레도 없는 곳이었지요. 준이의 부모님이 회사에 출근하고 나면, 토리는 준이와 단둘이 집 안에 있었어요. 토리의 놀이 상대는 준이뿐이었고, 그건 준이도 마찬가지였지요.

토리는 장난감이 아니야!

며칠이 지나자, 토리는 조금씩 기운을 차렸어요. 준이는 아빠가 사다 준 뼈다귀 인형을 흔들며 토리에게 말했어요.

"토리야! 내가 이걸 던지면, 네가 가져오는 거다."

준이가 인형을 던지자, 토리는 달려가서 인형을 덥석 물어 왔어요.

"와! 잘했어! 다시 한 번. 에잇!"

엄마가 퇴근해서 돌아오면, 준이는 토리 이야기만 했어요.

"엄마! 토리 진짜 똑똑하다. 이제 내가 '손' 하면 앞발을 내 손에 올려놔. 볼래?"

준이는 토리 앞에 손바닥을 쑥 내밀었어요.

"손! 손!"

그러자 토리가 한쪽 앞발을 준이의 손바닥 위에 톡 올려놓았지요.

"아하하하. 봤지? 봤지?"

준이는 토리를 끌어안고 쓰다듬었어요. 엄마는 그 모습을 흐뭇하게 바라보았지요. 준이는 신난 목소리로 말했어요.

"엄마, 나 방학 동안 집에 혼자 있어도 하나도 안 심심해. 토리를 갖고 놀면 진짜 재미있거든."

그 순간, 엄마의 얼굴에서 미소가 싹 사라졌어요.

"준아, 토리는 장난감이 아니야."

"피, 누가 장난감이라고 했나?"

"방금 네가 토리를 갖고 논다고 했잖니?"

"그게 어때서?"

"뭐라고 설명해야 할까……. 내가 아빠에게 '오늘 준이를 갖고 놀았더니, 진짜 재미있더라.' 하고 말한다면 어떨까?"

그제야 준이는 엄마의 말뜻을 어렴풋이 알 것 같았어요. 하지만 다른 생각도 들었지요.

"엄마가 그렇게 말하면 내 기분이 나쁠 것 같기는 한데, 그래도 나랑

22

토리는 다르지. 나는 사람이고 토리는 개잖아."

"물론 사람과 개는 다르지. 하지만 다르다고 해서 하찮게 여겨도 되는 건 아니야. 준이야. 토리를 갖고 노는 대상으로 여겨서는 안 돼. 토리도 우리처럼 기쁨을 느끼고, 슬픔도 괴로움도 외로움도 느끼거든."

"근데 토리의 마음을 어떻게 알아? 토리는 말도 못 하는데?"

"사람처럼 말을 하지는 않지만, 토리도 마음을 표현해. 몸짓으로 소리로 눈빛으로 말이지."

준이는 고개를 갸웃했어요. 엄마의 말이 설마 진짜일까 하는 생각이 들었지요.

그러나 시간이 흐르면서 준이는 자신도 모르는 사이에 토리의 마음을 느끼게 되었어요. 그건 마치 친구가 깔깔대고 웃으면 나도 모르게 입가에 미소가 떠오르고, 친구가 슬퍼서 울면 나도 울적해지는 것과 같은 일이었지요.

토리가 껑충껑충 뛰어오르며 꼬리를 빠르게 흔들 때면, 준이도 웃으며 말했어요.

"너, 아주 신났구나!"

토리가 엄마에게 야단을 맞고 엎드려 있을 때면, 준이는 토리를 토닥이며 말했어요.

"너 삐쳤지? 나도 어떤 기분인지 알아. 암튼 우리 엄마는 너무 무섭게 야단을 친다니까!"

한번은 이런 일도 있었어요. 아빠가 잔뜩 술에 취해서 들어온 날이었어요. 아빠는 게슴츠레한 눈으로 준이와 토리를 쳐다봤어요.

"여어! 우리 똥강아지 새끼들, 이리 와라!"

아빠는 두 팔을 벌리고 비틀비틀 다가오더니, 준이를 와락 끌어안았어요. 한쪽 팔을 뻗어서 토리까지 안으려고 했지요. 준이는 얼굴을 찡그리며 말했어요.

"에그. 술 냄새. 토리도 오늘은 아빠 싫대. 다가오지 말래."

"어쭈. 토리가 언제 그랬냐?"

"토리가 뒤로 물러나면서 으르렁거리잖아."

"저게 싫다는 뜻이냐?"

"당연하지. 아빠는 그것도 몰라?"

"으하하. 우리 똥강아지 별걸 다 아네."

아빠는 준이를 더욱 꼭 끌어안으며 볼을 비비댔어요.

"으익, 하지 마! 수염 때문에 따갑다고!"

그러자 토리가 귀를 뒤로 젖히며 아빠를 향해 왕왕 짖었어요.

"토리가 아빠더러 그만하라잖아!"

"오호! 저건 그만하라는 뜻이야? 으히히. 근데 나는 누가 하지 말라면 더 하고 싶더라!"

결국 아빠는 엄마에게 등짝을 얻어맞고 폭풍 같은 잔소리를 들으며 방으로 끌려갔어요. 토리는 준이에게 다가와 아빠가 비벼 댄 볼을 핥았어요.

"괜찮아. 아프지 않아. 그냥 아빠가 장난친 거야."

준이는 빙그레 웃으며 말했지요.

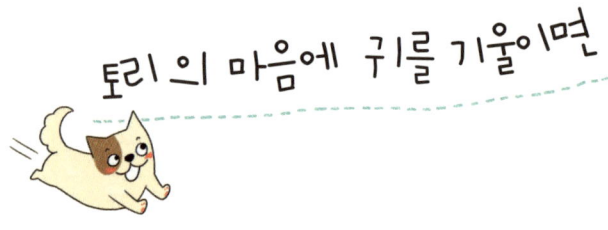

토리의 마음에 귀를 기울이면

준이와 토리는 겨울 방학을 함께 보냈어요. 그러나 방학이 끝나자 엄마와 아빠는 회사로, 준이는 학교로 갔어요. 텅 빈 집에는 토리만 홀로 남겨졌지요. 토리는 현관문 앞에서 꼼짝도 하지 않고 준이를 기다렸어요.

긴 시간이 흐른 뒤에야 준이가 학교에서 돌아왔어요. 토리는 반가움에 펄쩍펄쩍 뛰었어요.

"잘 있었어?"

준이는 평소처럼 토리를 다정하게 대했어요. 전에는 그렇지 않았는데, 토리는 준이의 뒤만 졸졸 쫓아다녔지요. 어쩌다 준이가 화장실에

라도 들어가면 토리는 그 앞에 앉아 꿈쩍도 하지 않았어요. 그리고 닫힌 문을 발로 마구 긁어 댔지요.

"너 요새 왜 그러냐? 곧 나갈 거야!"
준이가 화장실 안에서 소리쳤지만 토리는 불안한 눈빛으로 화장실 문 앞을 서성였어요.

토리가 그렇게 하고 있으니까 준이도 마음 편히 볼일을 볼 수가 없었지요.

그런데 토리가 달라진 것은 그것만이 아니었어요. 집에 혼자 있을 때면, "우~~~!" 하고 울기 시작한 거예요. 이웃집 아줌마가 찾아와 항의하기 전까지는 엄마도 준이도 그 사실을 알지 못했지요.

이웃집 아줌마가 다녀간 다음 날, 이번에는 다른 이웃이 준이네 집 문을 두드렸어요.

"이 집 개 울음소리 때문에 못살겠어요. 낮에 울음소리에 놀라 우리 아기가 자다 깨서 울고, 보채고…….."

"미안해요."

"제발 조용히 시켜 주세요."

이웃이 돌아간 뒤, 엄마는 근심 어린 표정으로 토리를 쳐다봤어요. 준이는 엄마가 혹시 토리를 야단칠까 봐 슬그머니 토리를 감쌌어요. 토리는 아무것도 모르고 꼬리를 흔들어 댔지요. 준이는 엄마가 들리게끔 일부러 큰소리로 말했어요.

"이상하다. 나는 토리가 우는 소리 못 들었는데."

그리고 나서 준이는 토리의 귀에 대고 목소리를 낮춰 말했지요.

"야, 너 자꾸 시끄럽게 하면 엄마한테 혼나."

다행히 엄마는 토리를 야단치지 않았어요. 걱정스러운 눈길로 토리를 물끄러미 바라볼 뿐이었지요. 그런데 얼마 뒤, 엄마가 준이에게 깜짝 놀랄 말을 했어요.

"준아. 아무래도…… 토리를 시골집으로 돌려보내 줘야 할 것 같아."

준이는 휘둥그레진 눈으로 물었어요.

"왜? 토리가 시끄럽게 해서?"

엄마가 고개를 가로저었어요. 준이는 버럭 소리쳤어요.

"아니긴 뭐가 아니야! 시끄럽게 울어서 이웃 사람들이 찾아오니까 토리한테 화나서 그런 거잖아!"

"아니야. 엄마는 토리한테 화 안 났어."

엄마는 토리를 다정하게 쓰다듬었어요. 토리는 기분이 좋은지 꼬리를 흔들었지요.

"준아. 토리는 넓은 시골집에서 외할머니랑 제 엄마랑 형제들이랑 함께 살던 강아지야. 그런데 갑자기 살던 곳을 떠나서 좁은 우리 집으로 오게 됐지. 다행히 너랑 잘 지냈지만, 개학을 해서 네가 학교에 간 뒤로는 오랜 시간을 혼자 있어야 했어. 그건 토리에게 무척 힘들고 외로운 일이었을 거야."

"엄마가 토리 마음을 어떻게 알아?"

"엄마만 아는 게 아니야. 오히려 네가 더 잘 알지. 토리가 요새 어땠니?"

준이는 울상을 지었어요. 토리가 전과 달라진 것을 분명히 느끼고 있었으니까요. 하지만 준이는 토리랑 헤어지고 싶지 않았어요.

"싫어! 토리 안 보내 줄 거야. 토리 없으면 나 심심하단 말이야!"

"준아, 개가 '우~~~!' 하는 울음소리를 내는 게 무슨 뜻인지 아니?"

"몰라! 토리는 나랑 있을 때는 그런 적 없다고!"

"그건 외로워서 친구를 부르는 거야."

"으앙!"

엄마의 말에 준이는 그만 울음을 터뜨렸어요. 토리가 준이에게 다가가 위로하듯 고개를 디밀었어요. 준이는 더욱 큰소리로 울며 토리를 끌어안았어요. 엄마는 토리에게 말했어요.

"토리야. 너를 함부로 데려와서 미안해. 그리고 외롭게 혼자 둬서 미안해."

봄볕이 따뜻한 날이었어요. 산과 들에는 삐죽삐죽 풀이 돋고, 아지랑이가 아른아른 피어올랐지요. 향긋한 꽃 냄새가 바람에 실려 왔어요.

준이네 가족과 토리를 태운 차가 시골집 마당으로 들어섰어요. 준이는 울어서 빨개진 눈으로 차에서 내렸어요. 토리를 꼭 끌어안고 있다가 한참만에 내려놓았지요.

발이 땅에 닿자마자 토리는 신나게 내달렸어요. 펄쩍펄쩍 뛰며 외할머니에게 매달리고, 어미 개랑 형제 개들이랑 마당을 몇 바퀴나 돌고, 함께 뒹굴며 장난도 쳤어요.

"쳇. 되게 좋아하네."

준이는 왠지 서운해서 입을 삐죽였어요. 뽀로통한 얼굴로 토리를 불렀지요.

"야! 토리야!"

준이가 부르자 저쪽에 있던 토리의 귀가 쫑긋했어요. 준이를 본 토리는 한달음에 준이에게 달려왔어요. 토리를 똑 닮은 다른 개들도 토리 뒤를 따라왔지요. 개들은 꼬리를 흔들며 준이 곁을 맴돌더니, 너나 없이 다시 달리기 시작했어요.

준이는 우두커니 서서 토리의 모습을 바라보았어요. 그러고는 생각했지요.

'토리 너……. 지금 진짜 기쁘구나.'

준이의 얼굴에는 차츰 미소가 번졌어요.

'토리랑 헤어지는 건 싫지만, 토리가 외로워서 우는 건 더 싫어.'

"토리야! 같이 놀자!"

마침내 준이는 활짝 웃으며 토리를 향해 달려갔답니다.

동물도 감정이 있어요!

인간만 안다고? 무슨 소리? 다른 동물들도 안다고!

동물은 스스로 움직이고, 다른 생물로부터 영양분을 얻어서 살아가는 생물이야. 지구에 있는 동물은 알려진 것만 100만 종류가 넘어. 새끼에게 젖을 먹이는 개와 고양이 같은 **포유류**, 하늘을 날 수 있는 참새와 독수리 같은 **조류**, 물에서 사는 금붕어와 고등어 같은 **어류**, 몸이 비늘로 덮인 뱀 같은 **파충류**, 물에서도 육지에서도 살 수 있는 개구리 같은 **양서류**, 흔히 벌레라고 부르는 파리와 모기 같은 **곤충**이 모두 동물이란다. 그리고 우리 인간도 동물에 속해.

하지만 사람들은 대부분 인간을 동물의 한 종류로 여기지 않아. 다른 동물과 비교조차 할 수 없는 특별한 존재로 생각하지. 그러면서 당연하다는 듯이 이렇게 말하곤 해.

"하찮은 동물이 뭘 알겠어!"

하지만 이 말이야말로 뭘 모르는 소리야. 인간과 방법이 다를 뿐, 동물도 다양한 몸짓과 소리로 뜻을 주고받으며 소통해. 즐거움, 기쁨, 슬픔, 괴로움 등의 감정을 느끼고 스트레스도 받아. 또 놀이를 즐기는 동물도 많아.

동물의 다양한 언어 세계를 볼래?

인간은 말과 글이라는 언어를 써서 생각과 감정을 나타내. 반면, 다른 동물은 몸짓과 소리로 제 뜻을 드러내고 소통하지. 이것을 인간의 언어에 비유해서 '동물 언어'라고 불러. 동물은 종마다 다른 몸짓

과 소리를 낸단다.

고릴라는 화가 나면 가슴을 세게 두드려. 늑대는 코를 비비거나 냄새를 맡는 행동으로 반갑다는 인사를 나누지. 두루미는 마음에 드는 암컷이 있으면 날개를 활짝 펼치고 춤을 추며 다가가. 가젤은 적이 나타나면 펄쩍펄쩍 높이 뛰어올라서 무리에 신호를 보내지. 비버는 넓적한 꼬리로 물을 '타다다닥!' 빠르게 쳐서 위험을 알려.

멍멍, 야옹야옹, 개굴개굴, 맴맴, 귀

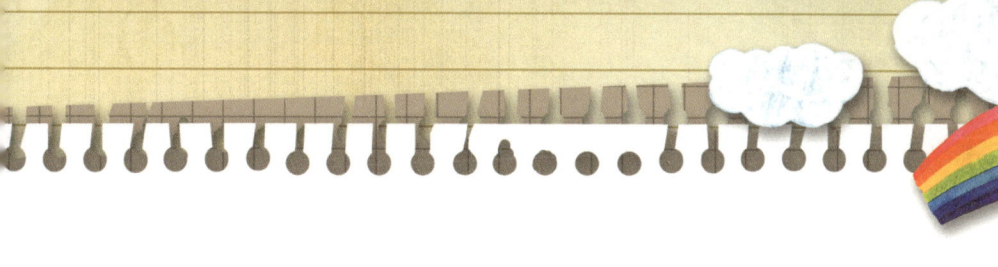

뚤귀뚤…….

동물의 다양한 울음소리 역시 중요한 소통 수단이야. 특히 새들은 거의 소리를 내서 표현해. 새끼를 낳아서 기르는 번식기가 되면, 수컷 새들은 자신이 사는 곳 주위를 날아다니며 소리를 내. 다른 수컷 새에게 '내가 사는 곳이니까 함부로 들어오지 마!'라고 경고하고, 암컷 새에게 '멋진 새가 여기 있어!' 하고 구애도 하는 거야.

그런가 하면 딱따구리는 영역을 표시하고 짝을 찾을 때 목소리를 내지 않고 '딱딱!' 나무를 쪼아. 나무를 쪼아서 내는 소리가 제 목소리보다 훨씬 크고 멀리까지 들리거든. 코끼리, 고래, 하마, 코뿔소, 기린 등은 초저주파로 친구들과 이야기를 나눠. 초저주파는 아주 낮은 소리인데, 굉장히 멀리까지 전해져.

인간은 초저주파를 들을 수 없지만, 코끼리는 초저주파로 4~10킬로미터나 떨어져 있는 친구와 이야기를 주고받을 수 있단다.

동물들이 얼마나 정교하게 소통하는지 알면 놀랄걸?

꿀벌은 이리저리 날아다니며 꽃에서 꿀을 모아. 그러다 꿀을 많이 얻을 수 있는 꽃밭을 발견하면 집으로 돌아와서 춤을 춰. 몸짓으로 다른 꿀벌들에게 꽃밭이 있는 방향과 거리까지 정확하게 알려 주는 거야.

꽃밭이 벌집에서 90미터 안쪽에 있을 때는 원을 그리며 도는 '원형춤'을 춰. 꽃밭이 90미터 이상 떨어져 있을 때는 누운 8자를 그리며 도는 '8자 춤'을 추는데, 이때 엉덩이도 흔들어. 꽃밭이 멀리 떨어져 있을 때는 8자를 빠르게 그리며 돌다가 엉덩이를 조금 흔들고, 아주 멀리 떨어져 있을 때는 8자를 천천히 그리며 돌다가 엉덩이를 빠르게 흔든단다. 그러면서 태양을 기준 삼아 어느 방향으로 날아가야 하는지도 표현하지.

괭이갈매기의 울음소리는 고양이 울음소리랑 비슷해. 그래서 고양이가 줄어든 말인 '괭이'가 이름에 들어가 있지. 괭이갈매기는 무리를 지어서 사는데, 번식기가 되면 둥지마다 새끼들이 알에서 깨어나. 새끼들은 툭하면 제 둥지를 벗어나서 주변을 돌아다니고, 옆에 있는 다른 둥지로 들어가기도 해. 새끼 괭이갈매기들은 생김새가 똑같아서 사람들은 아무리 봐도 누가 누구인지 구별할 수 없어. 하지만 괭이갈매기들은 금세 자기가 낳은 새끼를 찾아서 둥지로 데려와. 울음소리를 듣고 제 새끼를 구별할 수 있기 때문이란다.

웃는 동물, 슬퍼하는 동물

기쁨과 슬픔, 좋음, 싫음 같은 마음의 상태를 통틀어 '감정'이라고 불러. 그동안 사람들은 동물은 감정이 없거나, 있더라도 좋음과 싫음 정도만 느낄 수 있다고 생각했어. 오직 인간만이 기쁠 때 "하하, 호호!" 웃을 수 있고, 친구나 가족이 죽었을 때 슬픔을 느낄 수 있다고 했지. 하지만 연구 결과, 동물도 웃거나 슬픔을 느낀다는 사실이 밝혀졌어.

과학자들은 장난을 치면서 놀던 침팬지가 짧게 끊어지는 웃음소리를 내는 것을 알아냈어. 더욱이 침팬지는 무리 중에서 한 마리가 웃으면 다른 침팬지들도 따라 웃는다고 해. 우리도 다른 사람이 웃는 걸 보면 괜히 따라서 웃게 되는 것처럼 말이지. 웃는 동물은 침팬지만이 아니야. 미국의 신경

학자 야크 판크세프는 쥐들이 슬쩍슬쩍 깨물며 노는 모습을 관찰했어. 그걸 흉내 내서 쥐를 잡고 손가락으로 쥐 옆구리를 슬슬 간실였지. 그랬더니 쥐가 "큭, 큭!" 하는 작은 소리로 웃었단다.

코끼리들은 함께 살던 코끼리가 죽으면, 슬픔에 잠긴 듯 조용히 그 곁으로 모여들어. 흙이나 나뭇가지로 죽은 코끼리를 덮어 주기도 하지. 가끔씩 그곳을 다시 찾아서 죽은 코끼리의 뼈를 슬며시 어루만지기도 한단다. 이런 행동은 모두 죽음이 무엇인지 알고, 죽음을 슬퍼하는 애도의 감정을 느끼기 때문에 할 수 있는 거야.

인간과 가장 가까운 동물, 반려동물

반려동물은 사람과 집에서 더불어 사는 동물이야. 개와 고양이가 대표적인 반려동물이지. 이외에도 햄스터, 고슴도치, 토끼, 앵무새, 카나리아 등 다양한 반려동물이 있어. 반려동물은 동물 가운데서도 인간과 가장 가까운 동물이지.

사람들은 오래전부터 반려동물을 길렀지만,

얼마 전까지만 해도 이들을 '애완동물'이라고 불렀어. '애완'은 무엇을 좋아해서 가까이 두고 귀여워하며 즐긴다는 뜻이야. 그러니 애완의 대상은 장난감이나 물건이 될 수도 있어. 하지만 동물은 장난감도 물건도 아니야. 단순히 즐거움을 얻는 대상으로 여겨서도 안 되지. 그래서 1983년 10월, 오스트리아의 빈에서 '인간과 애완동물의 관계'를 주제로 한 토의가 열렸을 때, 애완동물을 '반려동물'이라고 부르자는 의견이 나왔어. 많은 사람이 그 의견에 동의했지. 그때부터 사람들은 '더불어 사는 동물'이라는 뜻을 지닌 '반려동물'이라는 말을 사용하기 시작했단다.

실제로 개나 고양이를 기르는 사람들은 반려동물을 가족, 친구처럼 생각한다고 말해. 비록 대화를 주고받을 수는 없지만, 몸짓이나 목소리, 표정 등을 통해서 서로 생각과 감정을 느낄 수 있다고도 하지. 하지만 정말 사람들은 반려동물을 가족이나 친구처럼 생각할까? 더불어 살아가는 개와 고양이의 마음을 이해하고 있을까? 그저 귀엽게 여기며 즐거움을 얻을 대상으로는 절대 생각하지 않을까?

결론부터 이야기하자면, 그렇지 못해. 많은 사람이 새끼 고양이나 강아지를 신기한 장난감처럼 갖고 놀아. 개가 짖거나 울음소리를 내면 시끄럽다고 야단을 치고, 목소리를 줄이거나 내지 못하게 수술을 시키기도 하지. 온종일 혼자 내버려 두거나 오랫동안 집 안에만 가두는 경우도 흔해. 그때 반려동물이 느끼는 고통이나 스트레스, 외로움, 슬픔에 대해서는 아랑곳하지 않지. 인간과 가장 가까운 동물의 감정조차 헤아리지 않는 거야.

> 혹시 동물에 대해 어떻게 생각하니?

사람들은 오랫동안 동물이 어떤 행동을 하고, 소리를 내는 것이 별 의미 없는 본능이라고 생각했어. 우월한 인간에 비해 동물은 하찮다

고 여기며 인간 중심으로 동물을 바라보고 판단했단다.

고대의 철학자 아리스토텔레스는 "식물은 동물을 위해, 동물은 인간을 위해 존재한다."라고 했어. 중세의 철학자 토마스 아퀴나스는 "신의 섭리에 따라 동물은 인간이 사용하도록 운명 지어졌다."라고 했지. 심지어 근대의 철학자 데카르트는 "동물은 움직이는 기계"라고 했단다. 동물이 자신을 의식하지 못하고 오직 본능에 따라 반응하기 때문에 움직이는 기계나 다름없다는 거야. 그러면서 동물은 고통도 느끼지 못한다고 했어. 영향력 있는 철학자인 데카르트의 말에 과학자들은 동물을 산 채로 해부하는 일도 서슴지 않았어.

동물이 고통을 느끼지 못한다니, 참 말도 안 되는 소리지? 하지만 그렇게 생각하던 시절도 있었던 거야. 개, 호랑이, 토끼, 쥐, 사슴, 늑대, 코끼리, 고래……. 일일이 꼽을 수도 없을 만큼 많은 포유동물이 사람처럼 고통을 느껴. 최근에는 바닷가재나 새우, 지렁이도 고통을 느낀다는 연구 결과가 발표되었지.

물론 모든 사람이 동물은 고통을 느끼지 못한다고 생각하고, 동물의 고통을 모르는 체했던 것은 아니야. 오래

전부터 동물에게 고통을 주어서는 안 된다고 주장하는 사람도 많았지. 1824년 영국에서 '동물 학대 방지 협회'라는 단체가 만들어졌어. 이들은 집에서 기르는 가축을 학대하는 것에 반대하고, 놀이 삼아 동물을 죽이는 사냥도 반대하는 운동을 펼쳤단다. 그 뒤를 이어서 여러 동물 보호 단체가 생겨나고, 동물을 보호하는 법도 만들어 졌어. 특히 윤리학자 피터 싱어가 1975년에 발표한 『동물 해방』이라는 책은 사람들에게 큰 영향을 미쳤어. 피터 싱어는 동물도 고통을 느낀다면서, 인간의 고통과 동물의 고통이 다르지 않다고 했지. 이때부터 '동물 복지'를 주장하고, '동물 권리'를 외치는 목소리도 더욱 높아졌어.

'동물 복지'란 쉽게 말하면 '동물의 행복한 삶'이라는 뜻이야. 동물에게 행복한 삶이란 뭘까? 그건 동물이 타고난 습성대로 사는 거야. 따라서 '동물 복지'를 주장하는 사람들은 인간이 동물을 이용할 수밖에 없어도, 최대한 동물이 타고난 습성대로 살 수 있게 해 주어야 한다고 말해.

'동물 권리'는 '동물권'이라고도 부르는데, 동물도 존중받을 권리가 있다는 뜻이야. 인간에게 마땅히 존중받고 행복하게 살 권리인 '인권'이 있듯이, 동물에게도 똑같은 '동물권'이 있다는 거지. 동물권을 주장하는 사람들은 인간이 동물을 이용해서는 안 된다고 해.

이처럼 동물을 대하는 사람들의 태도는 '동물을 어떻게 생각하느냐'에 따라 달라져. 그래서 너희에게 동물도 몸짓과 소리로 제 뜻을 표현하고, 무리를 위해 정보를 전달하고, 서로를 돌보며 어울려 놀고, 기쁨을 느끼며 웃기도 하고, 죽음을 알고 슬픔을 느끼고, 자기 자신에 대해서 알기도 한다는 이야기를 들려준 거야. 이제 너희는 어떻게 생각하니? 과연 동물은 아무것도 모르는 하찮은 존재일까?

동물의 자의식

자기 자신에 대해서 아는 것을 '자의식'이라고 해. 그동안 자의식은 인간만이 지닌 특성으로 여겼어. 하지만 1970년에 심리학자 고든 갤럽이 '거울 시험'을 통해서 동물도 자의식이 있다는 것을 알아냈지. 그는 침팬지 네 마리에게 거울을 보여 주었어.

한 번도 자신의 모습을 본 적 없고 거울이 무엇인지도 알지 못하는 침팬지들로서는 눈앞에 갑자기 낯선 침팬지가 나타난 거지. 침팬지들은 깜짝 놀랐고, '다가오지 말고 저리 가!'라는 뜻의 위협적인 행동도 보였어. 하지만 이내 거울에 몸을 이리저리 비춰 보고, 다양한 표정도 지어 보았어.

고든 갤럽은 좀 더 확실히 알기 위해서 침팬지들을 마취시킨 뒤, 눈썹에 물감을 묻혔어. 마취에서 깨어난 침팬지들은 거울을 보더니 자신의 눈썹을 만지며 묻은 것을 닦아 내려고 했어. 침팬지는 거울 속 모습이 자신이라는 것을 확실하게 알았던 거야.

그 뒤로 여러 동물을 대상으로 거울을 통한 자의식 실험을 했어. 그 결과, 침팬지만이 아니라 오랑우탄, 보노보, 코끼리, 범고래, 큰돌고래, 그리고 까치도 자의식이 있다는 사실이 밝혀졌지.

사람에게 이용되는 동물과
대규모 축산 농장으로 보는 동물 복지 이야기

이야기 둘

꼬꼬 마을에 큰돈을
벌어다 주는
축산 공장이 생겼대!

깜장이가 또 사라졌다!

꼬꼬 마을에서는 아침에 시계 알람을 듣고 잠에서 깨는 사람이 아무도 없어요. 날이 부옇게 밝아 오면 수탉의 힘찬 울음소리가 여기저기서 "꼬끼오!" 하고 들리거든요. 집집이 닭을 길러서 먹고 살기 때문에 마을 이름도 꼬꼬 마을이지요.

꼬꼬 마을에 사는 아이 '마누'는 학교에서 돌아온 뒤, 으레 그렇듯 닭장으로 향했어요.

"아빠, 저 왔어요."

"마침 잘 왔구나. 홰를 달려고 하니, 이쪽을 좀 잡아 주렴."

홰는 닭이 올라앉을 수 있도록 닭장 안에 가로질러 놓는 나무 막대예요. 마누는 아빠가 시키는 대로 나무 막대를 꼭 붙잡으며 물었어요.

"홰를 왜 또 달아요? 이미 몇 개나 있는데?"

"아무래도 부족한 것 같아서 말이다."

"쳇, 정말 이상하고 성가신 녀석들이에요."

"누구 말이냐?"

"누군, 누구예요. 닭들이죠. 평평하고 널찍한 바닥에 있으면 될 텐데, 뭐 하러 나무 막대에 올라앉느냔 말이에요. 쓸데없이 발로 땅을 파헤치기나 하고."

"닭이 땅을 파헤치는 이유가 먹이를 찾고 흙 목욕을 즐기기 위해서라는 걸 너도 잘 알잖니?"

"그러니까 하는 말이에요. 우리가 먹이를 넉넉히 주잖아요."

"닭의 습성이 그런 걸 어쩌겠니. 닭장 안에 갇혀서 살지만, 닭은 본래 홰처럼 높은 곳에 올라앉길 좋아하고 흙을 파헤치며 먹이를 찾는 동물인 거야."

그때 닭 한 마리가 아빠의 말을 증명이라도 하듯 마누 곁에서 땅을 휙휙 파헤쳤어요. 흙이 마누의 신발 위로 잔뜩 떨어졌지요.

"앗, 아!"

마누가 흙을 떨어내려고 허공에 발길질을 했어요. 그러자 닭이 옆으로 피하더니 푸드덕 날아서 홰 위로 올라왔어요.

"어라, 너 어디를 올라오냐? 아직 다 만들지도 않았는데. 어서 내려가!"

마누가 소리를 질렀지만, 닭은 꼼짝도 하지 않았어요. 아빠는 껄껄 웃으며 말했어요.

"하하. 새로 만든 홰가 깜장이 마음에 쏙 드는 모양이로구나."

깜장이는 윤기가 반지르르 흐르는 검은 깃털을 지닌 수탉이에요. 그리고 틈만 나면 닭장을 탈출하는 말썽꾸러기 닭이기도 하지요. 마누는 못마땅한 눈초리로 깜장이를 노려보며 말했어요.

"홰대에 얌전히 앉아 있어. 지난번처럼 도망치면 안 된다!"

깜장이는 대답하듯 화다닥 홰를 쳤어요. 하지만 그건 '알겠다!'는 대답이 아니었어요. 마누와 아빠가 홰를 만들고 닭장 청소를 하는 사이에 빼꼼히 열린 문틈으로 또 도망쳐 버렸거든요.

"힘들게 새 홰까지 달아 줬는데, 이 녀석 잡히기만 해 봐라!"

마누는 뿔난 얼굴로 깜장이를 찾아 나섰어요. 집 근처를 샅샅이 찾았지만 깜장이는 보이지 않았어요.

"요게 어디로 갔지? 혹시 지난번처럼 정자나무 근저에?"

마누는 정자나무로 달려갔어요. 커다란 정자나무 아래에 놓인 들마루에는 풍풍 아저씨와 뺑코 아저씨가 앉아 있었어요. 풍풍 아저씨는 마을에서 유명한 허풍쟁이에요. 하도 허풍이 세서 '풍풍'이라는 별명이 붙었지요. 뺑코 아저씨는 코끝이 윗입술에 닿을 정도로 삐죽 길어서 별명이 '뺑코'였어요.

"혹시 깜장이 못 보셨어요? 그러니까 까만 닭이요."

"까만 닭? 봤지."

풍풍 아저씨가 대답했어요.

"오! 어디서 보셨어요?"

"우리 집에서 봤지. 또 뒷집에서도 보고, 앞집에서도 보고, 옆집에서도 봤다."

"예?"

"우리 마을에서 까만 닭 보기야, 낮에 해 보기, 밤에 달 보기, 강에서 물 보기, 산에서 나무 보기 같은 일 아니야? 으하하하."

풍풍 아저씨의 장난에 마누는 시무룩한 얼굴이 되었어요. 맥없이 들마루에 걸터앉았지요.

"이 사람아! 마누가 도망간 닭을 찾고 있는 줄 알면서 그걸 말이라고 하나?"

"그럼. 말이지? 글인가?"

"그게 무슨 말이야! 방귀지."

"허! 자네는 입으로 방귀를 뀌나?"

"어허! 또 방귀 같은 소리를 하네."

풍풍 아저씨와 뻥코 아저씨는 얼토당토않은 말을 주고받으며 입씨름을 벌였어요. 마누는 어이가 없기도 하고, 피식피식 웃음이 나기도 했지요. 그런데 종종걸음으로 다가온 감나무 집 아주머니가 한마디로 두 사람의 말싸움을 끝내 버렸어요.

"꿀꿀 마을 사람들이 부자가 됐다는 소문 들었어요?"

"예?"

풍풍 아저씨와 뻥코 아저씨는 똑같이 놀란 목소리로 외쳤어요. 마누도 귀를 쫑긋 세웠어요. 꿀꿀 마을은 산 너머에 있는 마을이에요. 이름에서도 짐작할 수 있듯이 꿀꿀 마을 사람들은 대부분 돼지를 길러서 먹고 살지요.

"꿀꿀 마을 사람들이 무슨 수로 부자가 되었답니까?"

"닭을 키우는 우리나, 돼지를 키우는 그 사람들이나 사는 형편은 비슷하지 않았나요?"

풍풍 아저씨와 뺑코 아저씨가 차례로 물었어요.

"비슷했죠. 그런데 뭐라더라…… 공장식 축산인가 뭔가로 큰돈을 벌었대요."

"공장식 축산? 그게 뭔데요?"

뺑코 아저씨가 물었어요.

"저도 자세히는 모르겠어요. 친구의 남편의 동생에게 들은 이야기거든요. 꿀꿀 마을 곳곳에 공장처럼 번듯한 건물이 들어섰대요. 마을 사람들 살림이 확 폈다더군요. 참말 부러운 일이지 뭐예요."

마누는 감나무 집 아줌마의 말을 들으며 생각했어요.

'공장식 축산이란 게 뭘까? 꿀꿀 마을 사람들을 부자로 만들어 주었다니 대단한 일인 모양이네. 우리도 부자가 되면 좋을 텐데. 그럼 깜장이 같은 말썽꾸러기 닭을 찾으러 다니지 않아도 되고.'

마누는 가벼운 한숨을 내쉬며 자리에서 일어났어요. 깜장이를 찾지 못한 채 터덜터덜 집으로 돌아왔지요. 그런데 놀랍게도 깜장이가 닭장 안의 새 홰에 앉아 있는 게 아니겠어요? 어리둥절한 표정을 짓고 있는 마누에게 아빠가 말했어요.

"글쎄, 깜장이가 제 발로 돌아와서 닭장 앞을 오락가락하지 뭐냐."

마누는 깜장이에게 골탕을 먹은 것 같아 얼굴이 붉으락푸르락해졌답니다.

꼬꼬 마을이 부자가 되는 법

며칠 뒤, 정자나무 아래가 꼬꼬 마을 사람들로 북적였어요. 들마루는 엉덩이 한쪽 걸칠 틈 없이 가득 찼어요. 미처 자리를 잡지 못한 사람들은 뒷짐을 지거나 팔짱을 낀 채 서성였지요. 마을 사람들은 까만 선글라스를 낀 낯선 남자들을 흘끔거리며 수군수군했어요.

"저 사람들이 진짜 대박 회사 직원이래요?"

"그렇다는구먼. 대박 회사 사장님도 왔대."

"대박 회사라면 축산업계의 큰손이 아닌가?"

"아니긴 왜 아니에요. 엄청난 부자 회사죠."

"그렇게 부자 회사의 사장이 우리에게 무슨 할 말이 있다는 건지 알

수가 없구먼."

그때 선글라스를 쓴 남자들 가운데 한 명이 앞으로 나서며 큰 소리로 말했어요.

"자, 자! 조용히 하십시오. 지금부터 대박 회사의 위대한 사장님을 이 자리에 모시겠습니다. 열렬히 환영해 주십시오!"

선글라스를 쓴 남자들이 손바닥을 맞부딪치며 요란하게 박수를 쳤어요. 마을 사람들도 얼떨결에 박수를 따라 쳤지요. 호리호리한 몸에 두 눈이 생쥐처럼 반들거리는 남자가 차에서 내렸어요. 남자의 얇은 입술 사이에서 탁한 목소리가 흘러나왔어요.

"반갑습니다. 여러분! 이곳에서 생산하는 닭과 달걀의 품질이 우수하다는 소문을 듣고 찾아왔습니다."

꼬꼬 마을 사람들의 얼굴에 뿌듯해하는 빛이 떠올랐어요. 풍풍 아저씨가 의기양양하게 소리쳤지요.

"아무렴요. 꼬꼬 마을의 닭과 달걀은 세계 최고, 아니, 우주 최고죠!"

"그런가요? 한데 우주 최고의 닭과 달걀을 생산하는 마을치고는 몹시 초라하군요."

이번에는 마을 사람들의 얼굴에 속상해하는 빛이 어렸어요. 사장은 씩 웃으며 말했어요.

"하지만! 가축을 기르는 방식을 바꾼다면 닭과 달걀의 생산량을 수십, 수백 배로 늘려서 큰돈을 벌 수 있습니다."

사장의 말은 파도처럼 마을 사람들을 휩쓸었어요. 술렁술렁하는 사람들 틈에서 뺑코 아저씨가 목청을 높였어요.

"그건 우리 형편을 몰라서 하는 말이에요. 닭을 기를 수 있는 땅이 한정되어 있을뿐더러, 닭을 돌보는 데 필요한 일손도 부족한 상황입니다. 그런데 지금보다 수백 배나 많은 닭을 어디서 어떻게 기른단 말입니까?"

"공장식 축산 방식으로 바꾸면 가능합니다!"

'공장식 축산'이라는 말에 뺑코 아저씨의 눈이 휘둥그레졌어요. 나란히 앉아 있던 풍풍 아저씨와 감나무 집 아줌마도 얼굴을 마주 봤지요. 조금 떨어진 곳에서 친구와 엄지손가락 씨름을 하고 있던 마누도 손장난을 뚝 멈췄어요.

대박 회사의 사장은 열을 올리며 '공장식 축산'에 대한 설명을 늘어놓았어요. 최신 시설을 갖춘 공장에서 물건을 만들어 내는 것처럼, 닭과 달걀을 생산하는 효율적인 방법이라고 했지요. 하지만 마을 사람들은 사장의 말이 잘 이해가 가지 않았어요. 설명이 길어질수록 더욱 아리송했지요.

"공장식 축산이 어떤 것인지는 해 보면 압니다. 우리 대박 기업이 여러분을 돕겠습니다. 최신식 축사를 짓는 걸 지원하고, 새로운 축산 방식도 알려 드리지요."

마누 아빠는 고개를 갸웃하며 물었어요.

"그렇다면 대박 회사가 우리에게 원하는 것은 뭡니까?"

사장의 눈이 날카롭게 빛났어요. 하지만 금세 얼굴 가득 웃음을 띠고 말했지요.

"그저 시키는 대로 하면서 생산한 닭과 달걀을 우리에게 팔면 됩니다. 제 말을 믿지 못하고 의심하는 분도 계실 텐데, 꿀꿀 마을을 다 아시지요? 그 가난하고 초라하던 마을이 부유하고 번듯해진 것도 다 공장식 축산을 받아들였기 때문입니다."

풍풍 아저씨와 뺑코 아저씨는 이제 알겠다는 듯 고개를 끄덕였어요. 감나무 집 아주머니는 앞에 앉은 사람의 귓가에 속삭였지요.

"저 사람 말이 맞아요. 내가 친구의 남편의 동생에게 꿀꿀 마을 소식을 들었거든요."

그리고 마누는 이렇게 생각했답니다.

'와! 우리도 이제 부자가 되겠구나!'

대박 회사의 사장이 찾아온 뒤로, 꼬꼬 마을에는 큰 변화가 생겼어요. 풍풍 아저씨와 뺑코 아저씨, 감나무 집 아주머니를 비롯한 마을의 많은 사람이 공장식 축산 방식을 받아들였어요. 그러나 여전히 예전 방식으로 닭을 기르겠다고 고집하는 집도 있었어요. 마누네도 그 가운데 하나였지요.

"아빠! 우리도 공장식 축산, 그거 해요. 부자가 된다잖아요."

"닭은 물건이 아니다. 그런데 어떻게 공장에서 물건을 생산하는 방식으로 닭을 기를 수 있겠니."

마누는 아빠의 말을 이해할 수 없었어요. 그로부터 한참이 흐른 어느 날 오후, 뺑코 아저씨가 찾아오기 전까지는 말이지요. 마누가 닭장에서 아빠의 일을 돕고 있을 때, 뺑코 아저씨가 문을 열고 들어섰어요.

"어서 오세요. 무슨 일로?"

"그냥 한번 와 봤네. 일이 바쁜 모양이구먼."

"늘 그렇지요."

"나는 신경 쓰지 말고 하던 일이나 계속하게."

"예. 그럼 곧 끝나니까 조금만 기다리세요."

빼코 아저씨는 마누 아빠가 바닥에 새 흙과 모래를 까는 모습을 물끄러미 바라보았어요. 닭들이 요리조리 돌아다니는 모습을 보며 미소 지었지요. 그러다 갑자기 쓴 약을 먹을 때처럼 이맛살을 찌푸리며 입맛을 쩝 다셨어요. 그 모습을 보고 아빠가 물었어요.

"아무래도 걱정거리가 있으신 것 같은데요."

"아니야. 아무것도 아니야."

말은 그렇게 했지만, 마누가 보기에도 빼코 아저씨에게 무슨 일이 있는 것 같았어요. 아니나 다를까 빼코 아저씨는 땅이 꺼져라 한숨을 내쉬었어요. 그러더니 아빠에게 공장식 축산에 관한 하소연을 한바탕 늘어놓았어요.

"아니, 아무리 말 못하는 짐승이라도 그렇지. 한 마리가 지내기에도 좁은 철창 안에 서너 마리씩 몰아넣고, 겨우 고개만 내밀어서 먹이를 먹게 한다는 게 말이 되나?"

"너무 좁은 곳에 몰아넣어 두면 닭들이 스트레스를 받고 서로 부리로 쪼아 상처를 낼 텐데요."

"당연하지. 나도 대박 회사 사람들에게 똑같이 말했다네. 그랬더니 확실하게 해결할 방법이 있다고 하더군."

"그 사람들은 우리가 모르는 특별한 비법을 아는 모양이지요?"

아빠가 호기심 어린 얼굴로 물었어요. 마누도 '그게 뭘까?' 궁금했답니다.

"근데 그게 참……. 병아리 때 부리 끝을 싹둑 자르라는 거야. 부리가 뭉툭해지면 아무리 쪼아도 상처가 나지 않는다고 말이지."

"저런! 닭은 부리가 상하면 먹이도 제대로 먹지 못하는데요."

"암. 그래서 내가 그런 짓은 못하겠다고 했더니, 뭐라는 줄 아나? 돼지도 스트레스를 받으면 꼬리를 물어뜯으며 공격을 한다는 거야. 그래서 꿀꿀 마을에서 공장식 축산을 할 때는 돼지 이빨을 뽑고, 꼬리를 잘랐대. 한데 고작 부리 끝을 조금 자르는 게 대수냐고 하더군. 허! 나 원 참."

뺑코 아저씨는 기가 막히는 듯 헛웃음을 웃었어요.

"게다가 밤에도 반드시 사육장 안의 불을 훤히 켜 두라고 으름장을 놓더군. 그래야 닭이 밤에도 낮인 줄 알고 알을 또 낳는다나? 만약 닭들이 알 낳는 게 신통치 않거든 열흘에서 보름 정도 불을 끄고, 모이도 주지 말고 굶기라지 뭐가. 그렇게 죽다 살아나는 경험을 하고 나면 다시 알을 잘 낳는다고……. 어휴."

뺑코 아저씨는 더는 말을 잇지 못한 채 뒷짐을 지고 돌아섰어요. 마누는 뺑코 아저씨의 한숨 소리를 뒤로 하고, 슬그머니 닭장에서 나왔어요.

'공장식 축산이란 게 그런 거였구나.'

마누는 그동안 돌보는 게 귀찮고 힘들어서 닭들을 못마땅하게 여겼어요. 하지만 닭들이 그렇게 고통스럽게 지낸다니 마음이 몹시 아팠지요.

우주 최고 달걀을 만드는 꼬꼬 마을의 선택

뺑코 아저씨가 다녀간 날 밤, 마누가 졸린 눈을 비비며 숙제를 거의 마쳤을 무렵이었어요. 느닷없이 방안의 불이 픽! 꺼졌어요.

"앗! 왜 이러지?"

마누는 의자에서 일어나 벽을 더듬으며 거실로 나갔어요. 그런데 거실뿐 아니라 온 집안이 깜깜했어요. 어둠 속에서 아빠, 엄마의 목소리가 들렸어요.

"정전인가?"

"마누야! 함부로 움직이다 부딪치면 안 되니 그 자리에 가만히 있어!"

아빠가 곧 손전등을 켰어요. 엄마는 초를 찾아 불을 밝혔지요.

"우리 집만 정전인지 알아봐야겠구나."

아빠가 밖으로 나갔어요. 마누도 아빠를 따라 나가 주위를 둘러보았지요. 집마다 창에서 새어 나오던 불빛이 보이지 않고, 가로등 불빛도 사라졌어요. 마치 꼬꼬 마을이 어둠의 바다에 빠진 것 같았어요.

"불빛이 하나도 안 보여요. 이게 어떻게 된 거죠?"

"여름철에는 전력 소비가 많기 때문에 가끔 정전 사태가 벌어지기도 한단다. 우리 집만의 문제는 아닌 듯하니, 전기가 들어올 때까지 기다려 보자꾸나. 오랜만에 별이나 볼까."

아빠가 마루에 걸터앉았어요. 마누도 아빠 곁에 나란히 앉아 밤하늘을 올려다보았어요. 까만 하늘에서 반짝반짝 빛나는 별들을 보며 생각했지요.

'꼭 노란 좁쌀을 흩뿌려 놓은 것 같구나.'

그러자 좁쌀을 좋아하는 노란 병아리가 떠올랐어요. 이어서 병아리 때 부리를 자르라던 뺑코 아저씨의 말도 떠올랐지요. 마누는 아빠에게 물었어요.

"그 사람들은 부리를 자르는 게 아무렇지도 않은 걸까요? 나는 생각만 해도 끔찍한데."

"사람들은 가끔 목적을 이루기 위해 잘못된 수단을 택할 때가 있지."

"그게 무슨 말이에요?"

"공장식 축산은 오로지 돈을 많이 벌 목적으로 생겨난 수단이야."

"하지만 돈을 많이 벌면 좋잖아요. 우리가 닭을 기르는 이유도 돈을 벌기 위해서고요."

"그렇더라도 절대 잊지 말아야 할 게 있단다."

"그게 뭔데요?"

"닭도, 돼지도 생명을 지닌 소중한 존재라는 거야. 우리가 먹고살기 위해서 닭과 돼지를 가두어 기르고 목숨을 빼앗지만, 살아 있는 동안은 최대한 고통스럽지 않게 돌봐 줘야 하지 않겠니?"

아빠의 말에 마누는 고개를 끄덕였어요. 별을 보다가 아빠 무릎을 베고 스르르 잠이 들었지요.

이튿날 아침, 꼬꼬 마을에서는 닭의 울음소리가 들리지 않았어요. 그 대신에 놀라서 내지르는 사람들의 비명과 안타까운 탄식과 땅이 꺼질 듯한 한숨이 여기저기서 터져 나왔어요.

"아이고! 이게 어떻게 된 일이야!"

"아! 닭들이 다 죽었네. 다 죽었어."

"어휴. 이 노릇을 어쩔꼬."

지난밤, 전력 공급이 끊기는 바람에 공장식 사육장 안에는 환풍기도 선풍기도 돌지 않았어요. 찜통 같은 더위 속에서 닭들은 숨이 막혀 죽고 말았지요.

그날 오후, 마누는 학교에서 돌아오는 길에 마을 사람들이 모여 있는 모습을 보았어요. 언젠가처럼 마을 사람들 앞에는 선글라스를 낀 남자들과 대박 회사의 사장이 서 있었지요.

"예상치 못한 일로 놀란 분들도 있는 듯한데, 사실 별일 아니잖습니까? 돌림병으로 닭들이 떼죽음을 당하는 경우가 종종 있으니까요."

사장의 말에 마을 사람들은 화난 얼굴로 소리쳤어요.

"우리 꼬꼬 마을에서는 그런 일이 없었소!"

"그런가요? 어쨌든 닭들이 떼로 죽어 버린 게 우리 회사 탓은 아닙니다. 이 마을이 워낙 시골이라 전력 공급이 제대로 되지 않았기 때문이죠. 그러니 여러분도 재수가 없었다 치고, 예전처럼 다시 닭을 기르시면 됩니다. 에헴. 그래서 말인데요. 제가 여러분에게 닭을 싼값에 공급해 드리죠. 그것도 부리를 자른 놈들로 말입니다!"

사장은 큰 선심이라도 쓰듯 말했어요. 선글라스를 낀 남자들은 이번에도 손바닥에 불이 나도록 손뼉을 쳤지요. 하지만 전처럼 박수를 따라 치는 꼬꼬 마을 사람들은 아무도 없었어요.

"그럼 자세한 일은 부하 직원들과 의논하십시오."

사장은 머쓱한 표정으로 자리를 떴어요. 마누의 곁을 스쳐 지나가며 선글라스를 낀 남자에게 말했지요.

"물건들이 처치하기 곤란한 쓰레기가 돼서 손해가 이만저만이 아니야. 우리 잘못도 아니니까, 저들에게 새 물건을 팔아서 손해를 만회하도록 해!"

마누는 사장을 태운 차가 흙먼지를 일으키며 멀어진 뒤에야, 그 '물건'이라는 것이 닭을 말한다는 걸 알았지요.

닭들이 떼죽음을 당하고, 꼬꼬 마을 사람들의 얼굴에서 웃음이 사라진 지 며칠이 흘렀어요. 늦은 오후, 공장식 사육 방식을 선택한 사람들이 정자나무 아래에 모여 이야기를 나누었어요. 사람들의 얼굴은 어둡고 목소리는 무거웠지요.

"돈이 문제가 아니라, 사람으로서 차마 못할 짓이 아닌가 싶어."

"그래요. 말을 못 한다고 아픔까지 못 느끼는 건 아니잖아요."

"닭들을 고통스럽게 기르는 것도 괴롭고, 항생제 같은 약을 잔뜩 먹인 닭과 달걀을 사람들에게 파는 것도 마음에 걸려요."

"나는 우리 집 닭과 달걀에 자부심이 있었어요. 누구에게든 '내가 얼마나 정성껏 기르는지 한번 와서 봐라! 당신도 꼭 먹어 봐라!' 하고 당당하게 말할 수 있었지요. 그런데 공장식 축산 방식을 한 뒤로는 그런 말을 할 수 없었어요."

"하지만 공장식 축산 방식으로 이제 겨우 돈을 조금 벌기 시작했는데, 이제 와서 포기하면 도리어 손해를 입게 돼요."

그 말에 마을 사람들은 입을 꾹 다물었어요. 어둠이 서쪽 하늘의 고운 노을을 점점 집어삼켰어요. 마을 사람들의 얼굴도 더욱 어둑해졌지요. 그때 뺑코 아저씨가 손으로 코를 팽! 풀더니 냅다 말했어요.

"에잇, 나는 공장식 축산을 때려치우려네. 닭들만 보면 속이 답답하고, 요기가 저릿저릿해서 안 되겠어."

뺑코 아저씨는 가슴께를 손으로 쓱쓱 쓸었지요. 그러자 풍풍 아저씨도 떨궜던 고개를 번쩍 들며 말했어요.

"나도 안 할 테야. 그 대박 회사 사람들은 닭 전문가가 아니야. 돈 버는 전문가지. 닭에 대해서는 우리가 우주 최고라고. 안 그런가?"

"아무렴."

"오잉? 머리털 나고 자네가 내 말에 맞장구치기는 처음일세!"

"그야 자네가 입만 열면 허풍을 떠니 그랬지."

"어허! 나는 하품할 때도 입을 열고, 밥 먹을 때도 입을 열고, 이 쑤실 때도 입을 여는데. 그럼 내가 그때마다 허풍을 떨었단 말인가? 이 사람, 슈 허풍쟁이로군!"

풍풍 아저씨의 말에 사람들은 크게 웃었어요. 그 웃음에 성큼성큼 다가오던 어둠도 주춤하는 것 같았어요. 마을 사람들은 너도나도 무거운 짐을 털어 내듯 공장식 축산 방식을 버리겠다고 했어요. 한결 밝고 후련해진 얼굴로 집으로 돌아갔답니다.

그 뒤로도 대박 회사 사람들은 뻔질나게 꼬꼬 마을을 찾아왔어요. 앞으로 큰돈을 벌게 해 주겠다며 사람들을 꾀기도 하고, 대박 회사가 들인 돈을 물어내야 한다고 협박도 했지요. 하지만 꼬꼬 마을 사람들의 마음을 돌릴 수는 없었어요.

꼬꼬 마을의 사육장은 예전 모습을 되찾았어요. 닭장 안에는 노란 병아리 같은 햇살이 들고 바람도 시원하게 통했어요. 좁디좁은 철창이 사라진 자리에는 깨끗한 흙과 모래가 깔렸지요. 닭들이 올라앉길 좋아하는 홰도 놓였어요. 닭들은 자유롭게 닭장 안을 돌아다니다가 밤이 오면 편안히 잠을 잤어요. 일찌감치 일어나 우렁찬 목소리로 어둠을 밀어내고, 환한 아침을 맞았지요.

"꼬끼오!"

사람에게 이용되는 동물들의 슬픈 이야기

1만 년 전, 야생 동물이 우리 집으로

인간이 동물을 이용한 지는 까마득히 오래되었어. 멀고 먼 옛날부터 사람들은 동물을 먹을거리로 삼고 털과 가죽을 이용하기 위해 사냥을 했단다. 하지만 동물을 잡는 건 쉽지 않았어. 크고 사나운 동물을 잡으려다가 다치거나 목숨을 잃는 사람도 많았지.

그러던 어느 날, 사냥을 나간 사람들이 전에 없이 많은 동물을 잡았어. 그중에는 산 채로 잡은 멧돼지도 있었어. 사람들은 사로잡은 멧돼지를 곧바로 잡아먹지 않고 잠시 살려 두었어. 한데 세상에! 잡아 둔 멧돼지가 새끼를 낳았네? 사람들은 깨달았어.

"오! 야생 멧돼지를 잡아서 기르면, 새끼들을 얻을 수 있겠구나!"

"새끼 멧돼지들은 큰 멧돼지로 자랄 테고, 그러면 힘들게 사냥을 하지 않고도 고기를 얻을 수 있을 거야!"

이때부터 사람들은 멧돼지를 우리에 가두어 기르기 시작했어. 멧돼지는 새끼들을 낳았고, 새끼들이 자라서 또 새끼들을 낳았지. 그렇게 오랜 시간이 흐르면서 우리에서 태어나고 자란 멧돼지들은 사나운 야생성을 잃고 온순한 집돼지가 되었어. 인간이 집에서 기르는 동물인 '가축'이 된 거란다. 이게 약 1만 년 전의 일이야. 사람들은 돼지

이외에도 닭, 양, 염소, 말, 오리, 소 등을 가축으로 길렀어. 사람들이 기르는 가축은 종류와 수가 점점 늘어났지.

더 많은 가축을 더 쉽게 기르는 방법

세월이 흐르면서 집집이 가축을 길러서 잡아먹는 대신, 전문적으로 가축을 기르는 축산 농장이 생겨났어. 사람들은 대부분 가게에서 원하는 고기를 필요한 만큼 사서 먹게 되었지. 사람들은 닭고기나 돼지고기를 자주 먹고 싶어 했지만, 고기는 값이 비쌌어. 가축을 기르는 데 많은 비용과 노력이 들었기 때문이야. 가축을 기를 장소를 마련하고, 때에 맞춰 먹이를 주고, 배설물을 치우고, 아프거나 병들지 않도록 보살펴야 했으니까. 소비자는 더욱 싼값에 맛있는 고기를 사 먹을 수 있길 바랐어. 축산 농장에서는 힘을 덜 들이고 가축을 더 많이 기를 수 있었으면 했지.

그 결과, '공장식 축산'이라는 사육 방식이 등장했어. 공장식 축산의 특징은 크게 두 가지야. 하나는 좁은 곳에서 최대한 많은 가축을 기를 수 있는 거고, 다른 하나는 기계를 통해서 사람이 들이는 수고와 노력을 부쩍 줄었다는 점이지. 공장식 축산 방식을 이용한 뒤로 사람들이 기르는 가축의 수는 크게 늘었어. 이전보다 싼값에 고기를 사 먹을 수 있어서 고기 소비량도 많아졌단다.

하지만 소비자는 고기의 값이 싼 것만 좋아할 뿐, 닭과 돼지를 기르는 방식이 달라진 것에 관심이 없었어. 축산 농장에서는 이익을 남기기 위해서 눈을 질끈 감아 버렸지. 공장식 사육으로 가축이 받게 된 고통에 대해서 말이야.

공장식 사육장에서 닭과 돼지는 어떻게 살아갈까?

공장식 축산 방식으로 기르는 암탉은 스트레스를 받아도 옆의 닭을 쪼지 못하도록 병아리 때 부리가 잘려. 그런 다음 서너 마리씩 철창에 갇혀서 살지. 철창은 몹시 좁아서 닭 한 마리가 있을 공간이 공책 크기보다 작아. 바닥도 배설물을 처리하기 쉽도록 철망으로 되어 있단다. 그러니 닭들은 날개를 펼치고 홰 한번 치지 못해. 발로 바닥을 편히 딛지도 못한 채 지내지. 고통을 받으며 그저 알을 낳는 도구로 이용돼.

그러다 알을 많이 낳지 못하면 '강제 털갈이'를 당해. 강제 털갈이는 밤낮으로 불을 켜 둔 사육장 안을 컴컴하게 하고 열흘 정도 닭을 굶기는 거야. 그러면 닭들이 스트레스를 받아서 털이 빠지기 때문에 이 일을 '강제 털갈이'라고 불러. 힘겨운 시간을 견디고 간신히 살아

남은 닭들은 전처럼 알을 많이 낳게 돼. 하지만 시간이 지나서 다시 알을 적게 낳으면 또 강제 털갈이를 당하거나 죽음을 맞게 된단다.

돼지의 삶은 어떨까? 공장식 사육 방식을 택한 농장에서는 적게는 수백 마리에서 많게는 수천 마리의 돼지를 한꺼번에 길러. 콘크리트로 지은 사육장 안에는 돼지들이 빼곡히 들어차서 몸을 돌릴 틈도 없지. 닭이 스트레스를 받으면 친구를 공격하는 것처럼 돼지도 스트레스를 받으면 옆에 있는 돼지의 꼬리를 물어뜯는 습성이 있어. 그래서 공장식 축산 농장에서는 새끼 돼지의 이빨을 뽑고, 꼬리를 잘라 버려.

사육장을 널찍하게 마련해서 돼지가 받는 스트레스를 줄이고 상처 입은 돼지를 치료하는 것보다 그편이 돈도 덜 들고, 신경도 적게 쓰

 이기 때문이야. 사육장 안은 악취로 가득해서 환풍기가 멈추면 돼지가 숨이 막혀서 죽을 정도지.

잠깐, 돼지는 지저분한 동물이 아니야!
사육장의 돼지가 똥투성이인 이유는 따로 있어!

공장식 사육장에서 사는 돼지는 온몸이 똥투성이야. 사육장이 좁아서 바닥에 있는 똥을 피할 곳이 없는 까닭도 있지만, 몹시 무더울 때면 일부러 몸에 배설물을 묻히기도 한단다. 돼지가 왜 그런 행동을 할까? 알려진 대로 돼지가 지저분한 동물이라서 그럴까?

사실 돼지는 지저분한 동물이 아니야. 장소만 널찍하다면 똥을 누는 곳과 잠자는 곳을 따로 둘 정도로 깔끔하고 목욕도 아주 좋아해. 다만 목욕 방법이 사람과 다를 뿐이지. 동물마다 목욕을 하는 방법이 달라. 물로 목욕하는 동물도 있지만, 닭처럼 모래 목욕을 좋아하는 동물도 있어. 그리고 돼지는 진흙 목욕을 좋아한단다.

돼지는 몸 밖으로 땀을 내보내는 땀샘이 적고 지방이 많아서 몸에 열이 많이 나. 이렇게 열이 날 때 진흙으로 목욕을 하면 뜨거워진 몸을 식힐 수 있어. 진흙은 물보다 훨씬 천천히 마르기 때문에 몸의 열을 식히는 데 효과적이거든. 게다가 몸에 붙은 벌레를 없애는 역할도 해. 무엇보다 돼지가 진흙 목욕을 하는 이유는 '그걸 좋아하기 때문'이란다.

하지만 아무리 좋아해도 공장식 사육장 안에는 진흙탕이 없어. 견딜 수 없이 더워도 몸에 바를 진흙이 없지. 그러니 자신의 배설물을 묻혀서 몸의 열을 떨어뜨릴 수밖에.

가축의 복지를 위해 어떤 노력을 기울일까?

공장식 사육장 안에서 가혹하게 길러지는 가축의 실상이 드러나면서 사람들은 큰 충격을 받았어. 그래서 관련 제도를 만들고 감시를 하면서 가축이 받는 고통을 덜어 가기 시작했지. 노르웨이에서는 닭의 부리를 자르지 못하게 했어. 영국에서는 강제 털갈이를 금지했지. 스위스에서는 새끼를 낳는 암퇘지에게 짚을 깔아 주고, 소들이 일 년에 석 달 정도 바깥을 돌아다닐 수 있도록 했어. 유럽의 여러 나라가 모인 유럽 연합(EU)에서는 2012년부터 닭을 좁은 철창 안에 가두어 기르지 못하게 했단다.

우리나라도 가축의 복지를 위해 노력하고 있어. 2012년부터 '동물 복지 축산 농장' 인증 제도를 만들어서 운영하고 있지. 이 제도는 동물 복지 기준을 마련하고, 그에 따라 가축을 기르는 농장을 정부가 인증해 주는 거야. 그 예로 산란계(알 낳는 닭) 농장이 '동물 복지 축산 농장' 인증을 받으려면, 좁은 철창에 닭을 가두어 길러서는 안 돼. 강제 털갈이를 해서도 안 되지. 닭장에 닭들이 올라앉을 홰를 달아 주고, 모래 목욕을 할 수 있도록 해 주어야 한단다. '동물 복지 축산 농장' 인증 제도는 산란계 농장을 시작으로, 지금은 돼지 농장, 염소 농장, 육계(고기를 얻을 목적으로 기르는 닭) 농장, 젖소

농장, 한우 농장, 오리 농장까지 확대되었어.

하지만 '동물복지 축산농장' 인증을 받은 농장은 그리 많지 않아. 특히 알을 낳는 닭은 100마리 가운데 겨우 세 마리 정도만이 동물 복지 기준에 따라 길러지지. 가축을 널찍한 곳에서 기르고 잘 보살피려면 적지 않는 비용과 노력이 들어. 그로 인해 달걀이나 고기의 값을 더 비싸게 받을 수밖에 없거든. 그러나 소비자인 우리가 동물 복지 기준을 따르는 농장의 제품을 선택하고 값을 좀 더 치른다면 달라질 수도 있어.

털과 가죽은 우리에게 어떻게 오는 걸까?

사람들은 털과 가죽을 얻기 위해서도 많은 동물을 희생시켜. 살아 있는 오리와 거위의 털을 뽑아서 점퍼와 이불 속을 채우고, 양을 움직이지 못하도록 꼭 붙든 채 털을 바싹 밀어서 옷감을 짜지. 이런 과정에서 동물은 피부에 상처를 입고, 극심한 고통에 충격을 받아서 죽기도 해.

또 여우, 밍크, 라쿤, 친칠라 등의 털가죽을 벗겨서 모피 코트를 만들어 입어. 예전에는 이들을 야생에서 잡아서 모피 코트를 만들었지만, 요즘은 공장식 축산 방식을 따르는 모피 농장에서 길러. 전 세계에서 팔리는 모피의 85%가 모피 농장에서 생산한 것이야.

모피 동물들은 야생성이 사라지지 않았기 때문에 좁은 철창에 갇혀 사는 동안 엄청난 고통을 느껴. 정신이 이상해질 정도로 말이지. 모피 농장에서는 이들을 물에 빠트리거나 전기 충격을 주어서 잠시 기절시킨 뒤, 산 채로 가죽을 벗겨. 숨이 끊어지면 몸이 뻣뻣해져서 가죽을 벗기기 어렵고, 털의 윤기도 사라지기 때문이라면서.

물론 사람들이 먼 옛날부터 동물의 털가죽으로 옷을 만들어 입기는 했어. 옛날에는 추위를 막기에 적절한 옷감이 없었으니까. 하지만 오늘날에는 값싸고 따뜻한 옷의 소재가 얼마든지 있어. 사람들이 모피 코트를 입는 건 추위를 막기 위해서라기보다는 멋있어 보이기 때문인 경우가 더 많지. 그러나 뽐내려고 입는 모피 코트 한 벌을 위해서는 여우 42마리, 밍크 60마리, 라쿤 40마리, 친칠라 100마리가 목숨을 잃는단다.

윤리적 패션, 모피 옷을 입지 말자

아름다운 털가죽을 지녔다는 이유로 산 채로 가죽이 벗겨지는 동물들. 그런 동물들을 위해 모피 옷을 입지 말자는 운동이 벌어졌어. 동물 보호 단체가 나섰고, 멋진 옷을 입고 패션쇼를 펼치는 모델들이 모피 옷 입기를 거부하기도 했어. 유명한 의류 회사가 더는 모피로 옷을 만들지 않겠다고도 했지.

모피 반대 운동은 지금도 활발하게 벌어지고 있어. 영국, 오스트리아, 크로아티아, 네덜란드 등 여러 나라는 모피 생산을 금지했어.

체코공화국에서도 2019년부터는 모피 농장의 운영이 금지된단다. 인도는 여우, 밍크, 친칠라 등의 모피를 나라 안으로 들여오지도 못하도록 했고, 이스라엘에서는 아예 모피를 팔지 못하는 법을 만들려고 한대.

그렇다면 우리나라는 어떨까? 안타깝게도 우리나라는 세계에서 손꼽힐 정도로 많은 모피를 수입해. 특히 옷의 일부를 장식하는 데 많은 모피를 사용하지. 실제로 겨울철에 사람들이 입고 다니는 옷을 보면, 모자 테두리나 옷깃이 라쿤 털, 여우 털 등으로 장식된 것을 쉽게 볼 수 있어. 비록 작은 모피 조각들이지만, 그것 역시 동물의 벗겨진 털가죽이야. 그리고 우리가 동물의 털가죽으로 장식된 물건을 사용하면 할수록 희생되는 동물도 늘어날 수밖에 없지.

일부러 병에 걸리게 한다고? 실험실 속 동물들

동물들은 인간의 이익을 위한 각종 실험에도 이용돼. 제약 회사에서는 질병을 치료하는 약을 만들 때, 동물을 병에 걸리게 만들고 주사를 놓아서 약이 효과가 있는지를 살펴. 새로운 화학 물질을 팔기 전에도 동물 실험을 해서 물질이 안전한지 해로운지를 알아보지. 심지어 화장품을 만들 때 동물 실험을 하기도 해. 한 예로, 토끼의 눈에 화장품을 덕지덕지 발라 놓고 어떻게 되는지를 관찰하는 거야.

실험에 토끼를 이용하는 이유는 토끼

가 눈물샘이 없어서 눈에 해로운 물질이 들어와도 눈물을 흘려서 씻어 낼 수 없고, 눈이 커서 관찰하기 편해서래. 하지만 눈에 화장품이 들어왔는데 토끼가 가만히 있겠어? 앞발로라도 화장품을 닦아 내려고 하지. 그래서 실험을 할 때는 토끼가 움직이지 못하도록 토끼 머리를 장치에 고정시켜. 그 상태에서 눈에 약품을 넣거나 화장품을 바르지. 실험은 한 번으로 끝나지 않고 되풀이 돼. 결국 토끼는 눈이 멀거나, 고통에 몸부림치다가 목뼈가 부러져서 죽기도 한단다.

　이외에도 다양한 동물 실험이 있어. 독성 물질을 들이마시면 얼마만에 죽는지를 알려고 동물 실험을 하고, 고통스러운 상황이 생명체의 정신과 몸에 미치는 영향을 연구하기 위해 일부러 동물에게 고통을 주기도 하지. 실험에 이용되는 동물도 쥐, 햄스터, 개, 고양이, 돼지, 원숭이 등으로 다양해. 실험실에서 고통을 받다가 희생되는 동물이 한 해에만 약 5억 마리나 된단다.

찬성? 반대? 동물 실험에 대한 너의 의견은 어떠니?

　동물 실험에 대한 사람들의 의견은 크게 찬성과 반대로 나뉘어 있어. 동물 실험을 찬성하는 사람들은 동물 실험이 어쩔 수 없는 일이라고 주장해. 질병으로 고통받고 죽어가는 사람들을 위해서는 새로운 치료법을 개발해야 해. 이때 동물을 대상으로 실험을 할 수밖에 없다는 거야. 사람에게 직접 시험하는 것은 위험하고, 동물 실험을 대신할 방법이 아직은 마땅치 않다고 하지.

　한편 동물 실험을 반대하는 사람들은 인간의 생명이 소중하듯 동물의 생명도 소중하다며, 인간을 위해 동물을 희생시켜서는 안 된다고 주장해. 어떤 동물도 인간과 완전히 똑같지는 않기 때문에 동물 실험을 거쳤다고 인간에게 안전하다고 장담할 수 없다고 하지. 동물 실험 대신 컴퓨터로 비슷한 모형을 만들어서 실험하는 방법, 인공 피부 조직을 이용하는 방법 등을 사용하면 된다고 한단다.

　하지만 실험에 이용되는 동물의 수를 줄여야 한다는 데는 생각을

같이해. 특히 화장품을 만들 때조차 동물 실험을 할 필요는 없다고 주장하는 사람이 많아. 이미 안전하다고 알려진 물질이 충분해서 동물 실험을 하지 않고도 안전한 화장품을 만들 수 있거든. 그래서 유럽 연합(EU)에서는 화장품 동물 실험을 반대하는 법을 만들었어. 2013년 3월부터 유럽의 많은 나라에서 동물 실험을 한 화장품과 재료를 팔지 않기로 했지.

　이에 우리나라도 큰 영향을 받았어. 동물 실험을 한 화장품을 쓰지 않는 사람이 늘었어. 동물 실험을 한 물질을 사용하지 않겠다는 화장품 회사도 늘었단다. 그러던 2017년 2월부터 마침내 우리나라에서도 동물 실험을 한 화장품, 동물 실험을 한 재료로 만든 화장품을 팔지 못하도록 법으로 정했지.

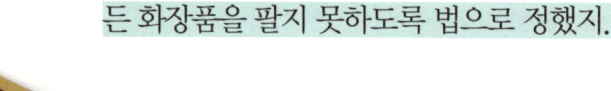

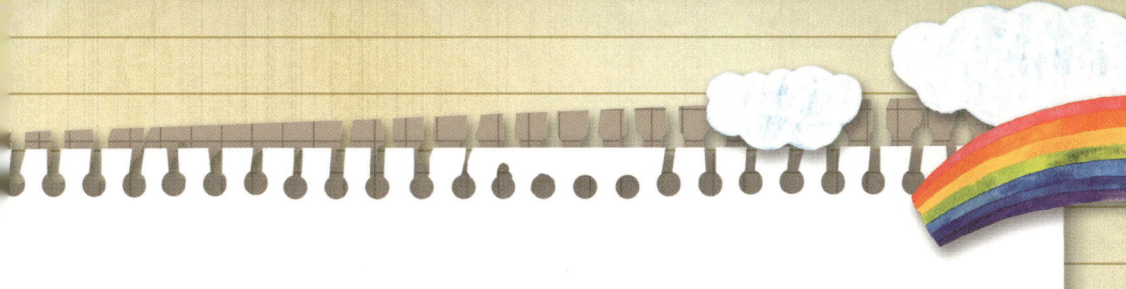

동물 실험의 3R 원칙

1959년에 영국의 동물학자 윌리엄 러셀과 미생물학자 렉스 버치는 동물 실험을 할 때 다음과 같은 세 가지 원칙을 지키자고 주장했어. 우리나라에서도 이를 '동물 보호법'에 포함시켜 놓았단다.

- 대체(Replacement): 동물 실험을 하지 않고 다른 방법으로 연구하도록 노력하자.
- 감소(Reduction): 실험에 이용하는 동물의 수를 줄이도록 애쓰자.
- 완화(Refinement): 동물 실험을 할 때 동물들이 받는 고통을 줄이기 위해 노력하자.

사람에게 사랑받다 버려지는
반려동물의 삶과 동물 복지 이야기

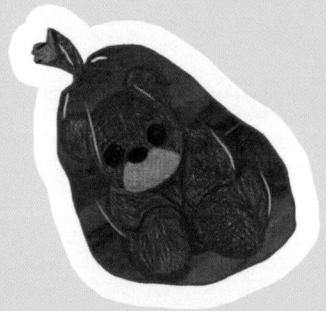

이야기 셋

유기견 다롱 할아버지와
들개 막내는
어떻게 살아가게 될까?

들개 막내가 도시 마을로 나간 날

'음식 냄새가 물씬물씬 나는구나!'

들개 막내는 음식물 쓰레기 봉지를 물어뜯고, 쿰쿰한 냄새를 풍기는 음식 찌꺼기를 먹었어요. 호기심 어린 눈길로 주위를 살피며 도시의 골목길을 아슬랑아슬랑 돌아다녔지요. 막내가 길모퉁이를 막 돌았을 때였어요.

"드, 들개잖아! 꺄아악!"

장바구니를 든 아줌마가 막내를 보더니 기겁하며 비명을 질렀어요. 놀라기는 막내도 마찬가지였어요.

'깜짝이야! 왜 소리를 지르고 그래요?'

막내는 아줌마를 향해 컹컹 짖고는 후다닥 도망쳤지요.

막내가 산속 보금자리로 돌아오자, 엄마 개가 물었어요.

"애야, 어디를 갔다 온 거니?"

"그냥 여기저기요."

막내는 슬금슬금 엄마 눈치를 살폈어요.

"어째 수상한걸? 이게 무슨 냄새지?"

엄마 개가 얼굴을 바짝 들이대고 막내의 코와 입 주변 냄새를 맡았어요.

"아니, 너! 도시 마을에 가서 쓰레기통을 뒤지고 온 게로구나!"

엄마 개는 호되게 막내를 야단쳤어요.

"너 같이 어린 개가 겁도 없이 혼자서 도시를 돌아다니다니! 그러다 사람에게 잡히면 꼼짝없이 죽게 된다고 했잖니. 사람이 얼마나 무서운데!"

"하지만 엄마. 외할머니는 주인이라는 사람이 밥을 주고, 놀아 주기도 했다고……. 외할머니를 무척 예뻐했다고 그랬잖아요."

"흥, 말도 안 되는 소리. 그 주인이라는 사람은 네 외할머니를 버렸어!"

그랬어요. 막내의 외할머니는 한때 사람과 함께 살던 반려견이었어요. 하지만 어느 날, 사람들의 발길이 뜸한 이곳 반달산 근처에 버려졌어요. 그 뒤로 외할머니는 반달산에 사는 들개 무리에 섞여 지내다 막내의 엄마를 낳았지요. 막내는 그로부터 다시 몇 해가 흐른 뒤에 태어났어요. 막내를 귀여워한 외할머니는 철쭉꽃이 반달산을 곱게 물들였던 올봄, 밀렵꾼이 야생 동물을 잡으려고 놓은 올무에 걸려 세상을 떠났지요.

"또 한 번 엄마 몰래 도시 마을로 내려가면 가만두지 않을 거야!"

엄마 개는 엄한 얼굴로 말했어요. 그러나 호기심 많은 막내는 엄마의 말을 듣지 않았어요. 몰래몰래 도시 마을로 내려가 골목을 아슬랑거리다 돌아오고는 했지요.

어느 날 저녁, 도시 마을로 간 막내는 어두운 골목에서 개 한 마리와 맞닥뜨렸어요. 털이 듬성듬성 빠진 채 앙상하게 야윈 늙은 개였어요. 막내는 흠칫 놀랐지만, 늙은 개는 스스럼없이 다가오며 물었어요.

"너는 누구냐?"

"막내예요. 엄마랑 형제들이 나를 그렇게 부르지요."

"어리기는 해도 젖먹이 강아지가 아닌데, 아직도 엄마랑 형제들이랑 함께 사는 모양이지? 너는 참 운이 좋구나. 주인이 너희 가족을 무척 사랑하는 게 분명해. 내 이름은 '다롱'이란다. 다롱 할아버지라고 부르렴. 그나저나 너는 왜 집을 나와서 싸돌아다니는 게냐?"

"도시 마을을 구경하러 온 거예요. 그리고 저는 주인이 없어요. 저기 산에서 다른 개들과 함께 살지요."

"저런! 이제 보니, 주인도 없는 들개로구나. 불쌍한 것."

'엄마랑 형제들이랑 사는 게 당연하지. 뭐가 운이 좋다는 걸까? 또 주인이 없는 들개라는 게 왜 불쌍한 거지?'

막내가 이상하다고 생각하고 있을 때, 다롱 할아버지가 맥없이 덧붙였어요.

"나도 어서 주인어른을 찾아야 할 텐데……."

"주인어른이라면……. 아! 다롱 할아버지는 사람과 사는군요. 근데 그 사람이 없어졌나 보죠?"

"그게 아니고……."

다롱 할아버지는 잠시 머뭇거리는가 싶더니, 이야기를 시작했어요.

"둥그렇던 달이 홀쭉해졌으니까 어느덧 보름 전의 일이로구나. 그날 낮에 주인어른이 나를 차에 태워 줬어. 한참을 달려서 저 산 아래에 도착했지. 나는 오랜만에 밖으로 산책 나온 게 신이 나서 다리가 아픈 것도 잊고 펄쩍펄쩍 뛰었단다. 주인어른은 내가 자유롭게 돌아다닐 수 있도록 목줄까지 풀어 줬지. 그런데 팔랑팔랑 날아가는 나비를 쫓아간 게 문제였어."

"그게 왜 문제예요? 나도 나비를 보면 언제나 쫓아가는걸요?"

"정신없이 나비를 따라가다가 차 소리가 들려서 뒤를 돌아보니, 주인어른이 탄 차가 떠나지 뭐야. 나를 차에 태운다는 걸 깜박한 게지. 기를 쓰고 차를 쫓아갔지만 따라잡을 수 없었단다. 길을 따라 이 마을까지 오게 됐는데, 아무리 돌아다녀도 우리 집이 보이질 않는구나. 지금쯤 주인어른도 나를 애타게 찾고 있을 텐데……."

"그래서 골목을 기웃거리고 있었군요. 너무 걱정하지 마세요. 할아버지랑 주인어른이라는 사람이 서로 찾고 있으니까 곧 만날 수 있을 거예요."

막내가 상냥하게 다롱 할아버지를 위로했을 때였어요.

"천만에! 할아버지는 주인을 만날 수 없어!"

담장 위 어둠 속에서 느닷없는 목소리가 들렸어요.

"누구지?"

막내가 깜짝 놀라 물었어요. 다롱 할아버지는 화를 내며 소리쳤지요.

"어떤 녀석이 그런 헛소리를 하는 게냐! 내가 주인어른을 만나지 못할 거라니!"

어둠 속에서 눈동자 두 개가 별처럼 반짝이더니, 고양이 한 마리가 사뿐사뿐 담장 위를 걸어왔어요.

"흥! 시시한 길고양이 아가씨로군."

"그래요. 난 길에서 사는 고양이예요. 그리고 할아버지는 주인에게 버림받은 개죠."

길고양이는 온몸이 밤처럼 까맣고, 발만 눈송이처럼 하얬어요. 말투가 차가운 얼음 조각 같았지요.

"뭐, 뭐라고? 주인에 대해 쥐뿔도 모르는 길고양이 주제에 함부로 지껄이지 마라! 우리 주인은 밥도 주고, 함께 놀아 주면서 나를 아주 좋아했어!"

막내는 다롱 할아버지가 한 말이 귀에 익었어요.

'저 말을 어디서 들었더라……. 앗!'

막내는 가슴이 쿵 내려앉았어요. 그건 막내의 외할머니가 종종 하시던 말씀이었어요.

다롱 할아버지가 으르렁거리며 화를 냈지만, 길고양이는 아랑곳하지 않고 냉정하게 말했어요.

"물론 할아버지도 한때는 주인의 사랑을 듬뿍 받았겠지요. 하지만 시간이 흐르면서 달라졌을 거예요. 최근에는 주인이 밥도 제대로 안 주고, 놀아 주기는커녕 잘못한 것도 없는데 야단만 쳤죠?"

"그, 그건……. 우리 주인이 바쁘고 피곤했기 때문이야."

"아니에요. 그건 할아버지가 늙어서 볼품없어 졌기 때문이에요."

막내는 길고양이가 너무하는 것 같았어요. 자신에게 한 말이 아닌데도 뾰족한 얼음 조각에 찔린 것처럼 가슴이 아팠지요. 막내는 길고양이에게 말했어요.

"길고양이 누나는 다롱 할아버지의 주인이 누군지도 모르잖아!"

"그래, 몰라. 하지만 주인이라는 사람이 다롱 할아버지를 내다 버렸다는 건 알지. 차에 태워서 먼 곳까지 데려온 것도 집을 찾아오지 못하게 하려는 거야. 반달산 아래에 종종 개가 버려진다는 사실은 누구보다 네가 잘 알 텐데?"

길고양이의 말에 다롱 할아버지가 놀란 눈빛으로 막내를 쳐다봤어요. 막내는 슬그머니 눈길을 피했어요.

"설마, 그럴 리가……. 아니야. 주인어른이 나를 버렸을 리 없어. 산에서 사는 어린 들개와 길에서 사는 고양이 따위가 사람에 대해 알 턱이 없지. 아무렴. 나는 어서 주인어른을 찾아야 해…….”

다롱 할아버지는 힘없이 꼬리를 축 늘어뜨리고 골목을 떠났어요. 막내는 안타까운 마음으로 다롱 할아버지의 뒷모습을 바라보았지요. 길고양이에게 울컥 화가 치밀었어요.

"꼭 그렇게까지 말해야 했어?"

막내는 고개를 돌리며 길고양이에게 소리쳤어요. 하지만 담장 위에는 아무도 없었어요. 길고양이는 발소리도 없이 어둠 속으로 자취를 감추었지요.

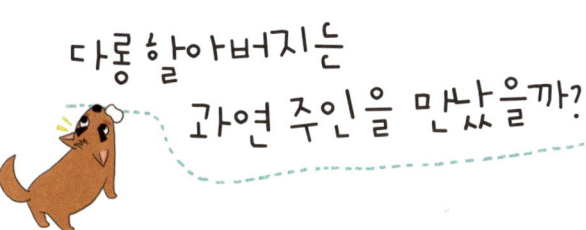

다롱 할아버지는 과연 주인을 만났을까?

며칠 뒤, 막내는 다시 도시 마을로 내려갔어요.

'다롱 할아버지는 주인어른이라는 사람을 찾았을까? 아니면 아직도 골목길을 헤매고 다닐까? 만약 주인을 찾지 못했다면, 다롱 할아버지에게 반달산에서 함께 살자고 해야지.'

막내는 골목을 기웃거리며 다롱 할아버지를 찾았어요. 그러다 어느 골목으로 접어들었는데, 쌀쌀맞은 목소리가 들렸어요.

"덩치만 큰 꼬마야, 왜 또 왔니?"

전에 만난 길고양이였어요.

"오! 막내로구나!"

뜻밖에도 길고양이 곁에 다롱 할아버지가 있었어요.

"어떻게 둘이 함께……."

막내는 어리둥절한 얼굴로 둘을 번갈아 보았어요.

"이 길고양이가 내게 먹이 있는 곳을 알려 주었단다. 겨울바람 같은 줄 알았더니, 봄볕 같은 아가씨지 뭐냐. 고양이 먹이라서 내 입맛에 맞지는 않지만, 굶는 것보다야 낫지."

다롱 할아버지는 앞에 놓은 그릇을 싹싹 핥았어요. 말끔하게 빈 그릇 옆에는 깨끗한 물이 담긴 그릇도 놓여 있었어요. 막내는 문득 궁금해졌어요.

"먹이랑 물을 누가 준 거죠?"

"사람들이지. 사람들 말고 누가 우리를 보살펴 주겠니."

다롱 할아버지가 당연하다는 듯이 말했어요. 그러자 길고양이가 뒤이어 말했어요.

"또, 우리를 버리거나 해치는 것도 사람들이고요."

"나는 네가 왜 그렇게 사람을 나쁘게 말하는지 모르겠구나. 길에서 살아가는 고양이에게도 이렇게 먹이와 물을 주는데."

"사람들에게 죽지 않을 만큼 발길질을 당하고, 물에 빠트려지고, 새끼 때 강제로 끌려갔다가 금세 다시 버려지고, 사람들이 준 먹이를 먹고 친구들은 죽는 모습을 보았다면, 사람에 대해 좋게 말하기는 어렵지 않겠어요?"

"세상에! 사람들이 정말 그런단 말이야?"

막내는 믿기지 않았어요.

"그래. 모두 내가 직접 겪은 일이지."

길고양이의 말에 막내는 부르르 몸을 떨었어요. 얼른 다롱 할아버지에게 말했지요.

"할아버지! 저와 함께 가서 살아요."

"그건……. 아니야. 나는 그럴 수 없다. 그랬다가는 영영 주인어른을 만날 수 없을 거야. 길고양이의 말이 사실이라고 해도, 우리 주인어른은 그런 나쁜 사람들과는 달라요."

다롱 할아버지는 주인어른이라는 사람에 대한 믿음을 버리지 않았지요.

막내가 반달산 보금자리에서 낮잠을 자고 있을 때였어요. 엄마 개가 다급하게 막내를 깨웠어요.

"얘야! 어서 일어나렴. 사람들이 우리를 잡으러 왔어!"

막내는 놀라서 벌떡 일어났어요.

"왜요?"

"지금은 그걸 설명할 시간이 없다. 어서 따라오렴."

막내는 엄마와 형제들을 따라 산속 깊은 곳으로 향했어요. 바위 뒤에 몸을 숨겼지요. 한참 뒤, 들개 아저씨가 다가왔어요.

"어떻게 됐어요? 다들 무사한가요?"

엄마 개가 물었어요.

"그렇지 못하오. 무리 가운데 둘이 마취 총을 맞고 쓰러진 뒤, 끌려갔소."

"저런! 그럼, 사람들은 이제 돌아갔나요?"

"아직 아니오. 도시로 내려가는 길목마다 포획 틀을 놓고 있소. 포획 틀 안에는 구미가 당기는 먹이를 넣어 놓았더군."

"우리를 먹이로 유인해서 잡아가려는 속셈이군요."

"그렇소. 배가 고프더라도 포획 틀 근처에는 절대 가지 마시오. 당분간 도시 마을에는 얼씬도 하지 말아야 할 것 같소."

"그래요. 너희도 아저씨 말씀 들었지? 조심해야 한다!"

엄마 개의 말에 형제들은 알겠다고 대답했어요. 그러나 호기심 많은 막내는 이번에도 엄마의 말을 따르지 않았어요. 막내는 엄마 몰래 포획 틀이 놓인 곳으로 가 보았지요. 포획 틀 안에서 맛있는 냄새가 솔솔 풍겼어요.

'아! 먹고 싶다. 살짝 들어가서 먹이만 홀랑 먹고 나오면 되지 않을까? 저렇게 문도 활짝 열려 있는데…….'

막내가 군침을 흘리고 있는데, 바스락바스락 소리가 들렸어요. 막내가 뛸 듯이 놀라 쳐다보니, 다롱 할아버지가 보이는 게 아니겠어요? 막내는 반갑게 달려갔어요.

"할아버지, 여기는 웬일이세요? 아! 저와 함께 살려고 왔군요."

"아니다. 길고양이들이 나누는 이야기를 들었는데, 웬 사람들이 차를 타고 이곳으로 몰려왔다고 하더구나. 개를 찾는 사람들이라고 하던걸? 혹시 주인어른이 나를 찾으러 왔나 싶어서……."

"아니에요. 그 사람들은 우리를 잡아가려고 온 거예요."

"사람들이 들개인 너희를 왜 잡아간단 말이냐?"

"엄마가 그러는데 사람들이 들개를 싫어해서 그런대요."

"싫어하면 멀리해야지 뭐 하러 데려가?"

"저도 자세히는 모르지만, 엄마가 그러는데 잡혀가면 죽고 만대요."

그러나 다롱 할아버지는 막내의 말을 제대로 듣고 있지 않았어요. 어느새 포획 틀에 다롱 할아버지의 눈길이 가 있었지요. 풍겨 오는 먹이 냄새에 이끌려 다롱 할아버지는 포획 틀로 달려갔어요.

"안 돼요! 저건 사람들이 우리를 잡으려고 놓은 거라고요!"

막내가 소리쳤지만 이미 늦고 말았어요. 다롱 할아버지가 먹이에 입을 대자마자 포획 틀의 철창이 털컹! 소리를 내며 닫혔어요.

"아, 어떡해요!"

막내는 안절부절못하며 포획 틀 주위를 맴돌았어요. 그런데 더 큰일이 벌어졌어요. 사람들이 포획 틀을 확인하러 올라온 거예요. 막내는 사람들을 향해 사납게 짖었어요.

"컹컹! 다가오지 마세요! 컹컹! 다롱 할아버지를 데려가면 안 돼요!"

"앗! 들개다. 마취 총을 쏴!"

한 사람이 막내를 향해 총을 겨눴어요. 포획 틀 안에 갇힌 다롱 할아버지가 막내를 향해 소리쳤어요.

"애야! 어서 도망쳐라!"

"다롱 할아버지는……."

"내 걱정은 하지 마라. 나는 들개가 아니라서 잡혀가도 괜찮을 거야."

"그렇지만……!"

"어서 쐬!"

"막내야, 빨리 가!"

결국 막내는 다롱 할아버지를 뒤로하고 도망쳤어요. 몇몇 사람들이 쫓아왔지만 막내를 잡지 못했지요.

"아! 놓쳤군."

"그래도 포획 틀에 한 마리가 잡혔던데. 가 봅시다!"

사람들은 철창 안에서 겁에 질린 채 떨고 있는 다롱 할아버지를 보며 말했어요.

"어! 이 개는 들개가 아니라, 유기견 같은데?"

"네. 목줄도 일부 남아 있어요. 그런데 피부병이 심하고 나이도 많아 보이네요."

"쯧쯧. 병들고 늙어서 버려졌군. 이러면 유기견 보호소로 데려가도 입양할 사람이 없을 텐데……. 아무튼 데려가지."

사람들은 포획 틀을 들고 산을 내려갔어요.

그날 밤 들개 막내는 포획 틀이 놓였던 곳으로 조심스럽게 다가갔어요. 그곳에서 다롱 할아버지의 냄새가 났어요. 다롱 할아버지가 포획 틀에 갇혔을 때 놀라고 두려워서 지려 놓은 오줌에서 풍기는 냄새였지요.

막내는 알 수가 없었어요.

'왜 사람들은 먹이를 주고, 놀아 주기도 하면서 좋아했던 다롱 할아버지와 외할머니를 내다 버렸을까? 왜 길고양이를 괴롭히기도 하고, 한편으로는 먹이와 물을 주기도 하는 걸까? 왜 들개들을 싫어할까? 우리는 사람들에게 아무 잘못도 하지 않았는데. 엄마 말대로 사람에게 잡혀간 들개는 정말 죽게 될까? 그렇다면 다롱 할아버지는 들개가 아니니까 살려 줄까?'

막내는 불빛으로 반짝이는 도시를 내려다보았어요. 사람들에게 대답하라는 듯 한바탕 요란하게 짖어 댔지요.

가족이라고 불렀던 동물을 왜 버릴까?

버려지는 반려동물이 이렇게나 많다고?

　우리나라에서는 많은 사람이 반려동물과 함께 살아. 반려동물을 기르는 가구는 28.1%로, 네 가구 중 한 가구가 반려동물을 기르지. 사람들이 기르는 반려동물의 수는 점점 늘고 있어.
　그런데 사람들이 기르는 반려동물이 많아지면서 동시에 사람들에게 버려지는 반려동물도 늘어났어. 한 해에 반려동물이 약 10만 마리 버려진단다. 이 가운데는 주인이 실수로 잃어버린 경우도 있지만, 대부분은 주인이 일부러 버렸어. 이처럼 사람들이 잃어버리거나 버린 반려동물을 '유기 동물'이라고 해. '10만 마리'라는 수치는 지방 자치 단체에서 운영하는 동물 보호소에서 구조한 유기 동물만을 말해. 개인이 운영하는 동물 보호소에 있거나 구조되지 못한 채 길거리를 떠도는 유기 동물까지 포함한다면, 실제 버려지는 반려동물은 30만 마리가 될 거라는 의견도 있어.

대체 왜 이렇게 많은 반려동물이 버려지는 걸까? 사람들이 반려동물을 버리는 이유는 갖가지야. 어릴 때는 작고 귀여웠는데 자라니까 덩치가 크고 예쁘지 않아서, 돌보기가 힘들어서, 병이 들어서, 시끄럽게 울거나 짖어서, 털이 날려서, 이사를 가는데 기를 곳이 마땅치 않아서…….

하지만 새끼 때 자그마하던 반려동물이 자라면서 몸집이 커지는 것은 당연한 일이야. 울음소리를 내거나 털이 날리는 것도 자연스러운 일이지. 때로는 병이 날 수도 있어. 반려동물이 버려지는 이유는 결코 동물의 탓이 아니란다.

동물보호센터에 입소된 유기·유실동물 (단위: 마리)

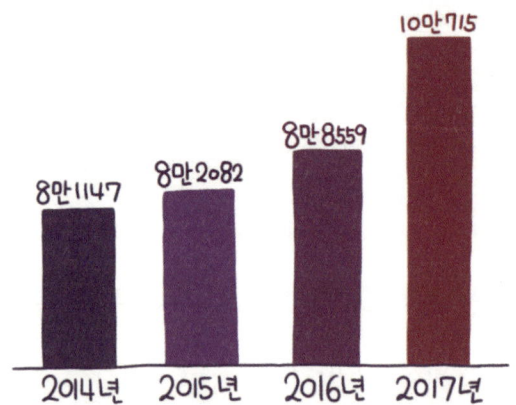

자료: 농림축산검역본부, 동물보호관리시스템(APMS)

지난해 버려진 유기동물의 종 (단위: 마리)

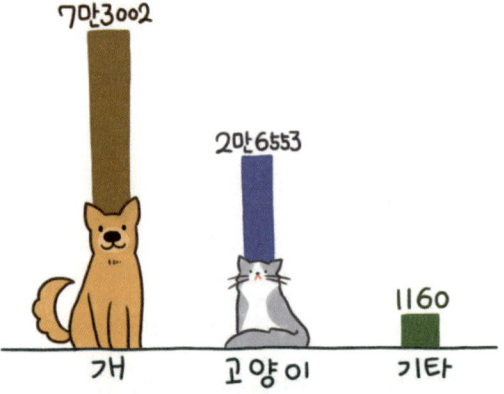

자료: 동물보호관리시스템(APMS)

지금 사고파는 그 동물도 생명이 있다는 걸 명심해!

동물 보호 운동가들은 유기 동물이 많아지는 이유가 손쉽게 동물을 살 수 있는 환경 때문이라고 입을 모아. 실제로 우리 주변에는 동물을 파는 곳이 많아. 동물 병원에서 강아지와 고양이를 팔기도 하고, 대형 마트 한쪽에서 토끼, 햄스터, 고슴도치, 거북이, 장수풍뎅이, 금붕어 등의 동물을 팔지. 이곳에서는 돈만 주면 얼마든지 원하는 동물을 살 수 있어. 그러니 사람들은 간단히 물건을 사듯 마음에

117

드는 동물을 사기도 해. '귀엽고 예쁘니까 나도 한번 길러 봐야지!' 하면서.

하지만 동물은 물건이 아니야. 살아 숨 쉬고, 아픔과 괴로움을 느끼는 생명체란다. 반려동물을 기르기 위해서는 먹이를 챙겨 주어야 하고, 목욕을 시켜 주어야 하고, 답답하지 않도록 산책을 시켜 주어야 하고, 아프면 치료도 해 주어야 해. 배설물도 치워 주어야 하지. 이에 대한 준비나 생각 없이 동물을 기르기 시작하면 뒤늦게 동물을 돌보는 것이 힘들다는 걸 깨달아. 이때 힘들어도 끝까지 반려동물을 책임지는 사람도 있지만, 여전히 동물을 물건 정도로 생각하는 사람들도 있지. '귀찮은데 몰래 버려야지. 기르고 싶으면 언제든 다시 살 수 있으니까.' 하고 생각하는 거지.

가게에서 팔리는 강아지들은 어디에서 왔을까?

가게에서 팔리는 강아지들은 거의 '강아지 농장'이라는 곳에서 데려와. 그곳을 다른 말로 '강아지 공장'이라고 부르기도 하지. 공장에서 물건을 생산하듯 오직 강아지를 얻을 목적으로 운영되는 곳이기 때문이야.

 강아지 농장에서는 덩치가 작고 예쁜 어미 개를 가두어 놓고 끊임없이 새끼를 낳게 해. 어미를 닮아서 작고 예쁜 강아지가 사람들에게 잘 팔리거든. 어미 개는 철창으로 된 좁은 우리에 갇혀서 살아. 산책을 하거나 자유롭게 뛰어놀지도 못하고, 그저 강아지를 낳는 도구로 이용되지. 자연히 몸이 상해서 고통과 질병에 시달려. 그러다 더는 강아지를 낳지 못하게 되면 쓸모가 없어졌다고 죽임을 당한단다.

 한편에서는 해마다 수만 마리의 개가 버려지고, 다른 한편에서는 끊임없이 강아지를 낳게 하는 일. 이런 일이 벌어지는 이유는 사람들이 다 자란 개를 반려동물로 기르고 싶어 하지 않기 때문이야. 큰 개보다 작은 강아지가 더 귀엽고 예쁘니까. 강아지는 태어나서 40~50일 정도까지 어미의 젖을 먹어야 해. 그 뒤로도 한동안 어미 개의 보살핌을 받으며, 살아가는 데 필요한 여러 가지 것을 배워야 하지.

그러나 강아지가 작고 어릴수록 잘 팔리기 때문에 농장에서 태어난 강아지들은 고작 한 달 만에 어미의 품에서 떨어져 가게의 진열장 안에 놓여.

버려진 개들은 어떻게 될까?

다롱 할아버지처럼 사람들에게 버려진 개를 '유기견'이라고 해. 사람과 함께 살다가 느닷없이 버려진 개들은 한마디로 살길이 막막해. 먹이를 구할 수 없고, 쉴 보금자리도 없으니까. 결국 길거리를 헤매며 쓰레기통을 뒤져 주린 배를 채우고, 사람들에게 괴롭힘을 당하기도 하고, 달려오는 차에 목숨을 잃거나 개장수들에게 잡혀서 보신탕 집으로 팔려 가기도 해.

다행히 구조되어 동물 보호소로 오는 경우도 있지만, 동물 보호소에서 살 수 있는 기간은 고작 한두 달뿐이야. 버려지는 개는 너무나 많은데 동물 보호소에

털컹

서 돌볼 수 있는 개의 수는 한정되었거든. 그럼 동물 보호소에 온 지 한두 달이 지난 개들은 어떻게 될까? 슬프게도 그 기간 동안 입양되지 못한 개들은 안락사를 당해. 죽게 되는 거란다.

유기견의 수가 늘어나면서 막내 같은 들개도 늘어나고 있어. 들개는 유기견이 야산 등에 살면서 낳은 개들이야. 야생에서 태어나고 자란 거지. 들개는 야트막한 산에 살면서 작은 동물을 잡아먹는데, 때때로 시골 마을로 내려와서 가축을 물어가. 도시 근처의 산에 사는 들개들은 음식물 쓰레기를 먹기 위해 도시 마을로 무리 지어 내려오기도 하고. 들개는 야생에서 나고 자랐기 때문에 비교적 덩치가 크고 성질이 사나운 편이야. 사람을 몹시 경계하고 위협을 느끼면 공격도 하지.

그래서 정부에서는 들개 포획 작전을 벌이기도 해. 포획 틀에 먹이를 넣고 들개를 유인해서 잡거나, 마취 총을 쏘아서 사로잡기도 하지. 그렇게 잡힌 들개는 또 어떻게 되냐고? 들개는 사나워서 길들이기가 무척 힘들어. 사나운 개를 반려견으로 데려가려는 사람은 없지. 그러니 들개들은 거의 안락사를 당해.

길고양이의 고단한 삶을 들어 볼래?

사람들이 개 다음으로 많이 기르는 반려동물은 고양이야. 사람들이 기르는 고양이를 '반려묘'라고 해. '묘'가 고양이라는 뜻이거든. 그런데 집에서 사람과 함께 사는 반려묘와 달리, 집 밖에서 주인 없이 살아가는 고양이들도 있어. 이들을 우리는 '길고양이'라고 부르지.

우리 주변에는 길고양이가 많아. 가끔은 사람에게 살갑게 다가오

는 길고양이도 있고, 사람만 보면 재빨리 도망가는 길고양이도 있지. 하지만 어떤 고양이든 길에서 살기란 무척 고단하고 힘든 일이야. 먹이를 구하기 위해서 쓰레기통을 뒤져야 하고, 추위와 더위를 피해서 잠잘 곳을 찾아야 하고, 새끼를 낳아서 기를 곳도 찾아야 하니까. 길고양이들은 상하고 짠 음식물 쓰레기를 먹은 탓에 대부분 병이 들어. 겨울철에는 자동차 아래에서 추위를 피하다가 차가 갑자기 출발하는 바람에 목숨을 잃기도 해. 고약한 사람들에게 괴롭힘을 당하거나 죽임을 당하기도 하지. 고양이의 수명은 15년 정도인데, 길고양이는 고작 3년 정도밖에 살지 못한다고 해.

혹시 고양이 엄마를 알고 있니?

이런 길고양이들을 도와주는 사람이 있어. 굶주린 고양이들에게 사료와 물을 챙겨 주는 사람들이지. 그들을 '캣맘(catmom)'이라고 불러. 캣맘은 고양이를 뜻하는 캣(cat)과 엄마를 뜻하는 맘(mom)이 합쳐진 말이란다. 그런데 캣맘들은 길고양이에게 먹이를 줄 때 사람들 눈을 피해서 몰래몰래 줘. 근처에 사는 사람들 눈에 띄면 욕설을 듣기도 한단다. 불쌍한 길고양이에게 먹이를 챙겨 주는데 왜 욕을 듣나 싶지? 그건 사람들이 집 주변에 길고양이가 있는 것을 싫어하기 때문이야. 길고양이가 시끄럽게 울고 쓰레기 봉지를 물어뜯어서 집 주변을 더럽히니까. 그런데, 먹이까지 주면 그곳으로 모여들 것이 아니냐고 캣맘들에게 화를 내는 거지.

하지만 고양이는 본래 영역 동물이야. 즉 일정한 범위 안에서 살

고, 그곳으로 다른 고양이가 들어오는 것을 쉽게 허락하지 않아. 그래서 어느 구역으로 고양이가 우르르 몰려가 살지는 않는단다. 또 깨끗한 사료를 먹을 수 있으면 굳이 먹이를 찾으려고 쓰레기 봉지를 물어뜯지도 않지. 왜 많은 길고양이가 생겨났는지도 한번 생각해 봐야 해. 1년에 2만 5천 마리가 넘는 고양이를 길거리로 내몬 건 바로 사람들이야. 그 고양이들이 어디에서 살면서 새끼를 낳았겠니.

버려지는 동물을 위해 우리가 할 수 있는 일

우리나라에서는 버려지는 동물을 줄이기 위해 '동물 등록제'를 만들었어. 2014년 1월 1일부터 개를 기르는 사람은 반드시 시, 군, 구청에 동물 등록을 하도록 정해 놓았지. 동물 등록제는 개를 기르는 사람의 정보와 개에 관한 정보를 등록하고, 고유한 번호를 받는 거야. 이런 정보들을 쌀알만 한 크기의 마이크로칩에 담아서 개의 몸에 넣거나 목줄에 새겨서 걸 수 있지. 물론 정보가 담긴 목줄을 하지 않고 개를 버리는 경우에는 도리가 없어. 하지만 동물 등록제는 조금이나 마 반려동물에 대한 책임감을 더하고, 특히 잃어버린 반려견을 찾는 데 큰 도움이 돼. 정부에서는 고양이도 동물 등록제에 포함시킬 계획을 세우고 있어. 2018년부터 17개의 시, 군, 구청에서 고양이 동물 등록제를 시험적으로 운영하기로 했다는구나.

   그렇다면 버려지는 동물을 위해 우리가 할 수 있는 일은 무엇일까? 반려동물을 기르기로 했다면, 동물 병원이나 가게에서 사지 말고 버려진 동물을 입양하는 방법이 있어. 유기 동물 보호소, 반려동물 입양 센터 등에서 반려동물을 새로운 가족으로 맞을 수 있지. 하지만 그저 유기 동물이 불쌍하다고 덜컥 입양해서는 안 돼. 가족 모두 반려동물의 입양에 찬성하는지, 반려동물을 기를 만한 환경이 되는지, 반려동물을 수명이 다할 때까지 약 10년 정도를 책임질 수 있는지, 털이 빠지거나 짖는 동물의 특성을 잘 알고 있는지, 병에 걸리면 치료해 줄 수 있는지, 집에서 기르는 다른 동물과 잘 어울릴 수 있는지 등을 충분히 생각해야 해. 한 번 버려진 동물에게 다시 버려지는 고통과 슬픔을 주어서는 안 되니까.

동물 등록과 유기 동물 입양 정보

농림축산검역본부에서 운영하는 '동물 보호 관리 시스템(animal.go.kr)' 사이트로 들어가면, 동물 등록에 관한 자세한 정보를 얻을 수 있어. 또 유기 동물 입양 안내를 볼 수 있고, 전국에 있는 유기 동물 보호 센터의 위치도 자세히 나와 있단다.

사람에게 즐길 거리로 이용되는
동물에 대한 동물 복지 이야기

이야기 넷

우리가 즐거운 만큼
코끼리도 즐거울까?

다바의 이야기

"멍청한 것 같으니라고! 한쪽 다리를 의자에 올려놓으란 말이야!"

조련사가 가느다란 막대를 휘두르며 소리쳤어요. 아기 코끼리는 어쩔 줄 몰라서 주춤거리기만 했어요. 그러자 조련사가 막대기 끝에 달린 뾰족한 쇠꼬챙이로 아기 코끼리의 무릎 뒤를 쿡 찔렀어요.

'앗! 아파요!'

아기 코끼리는 펄쩍 뛸 듯 놀랐어요. 겁에 질려서 조련사를 피해 도망치려고 했지요. 하지만 좁은 사육장 안에서 조련사를 피할 수 있는 곳은 없었어요. 조련사는 구석에서 떨고 있는 아기 코끼리를 향해 성큼성큼 다가왔어요. 이번에는 매서운 채찍으로 아기 코끼리를 때리며 말했지요.

"저리로 가!"

아기 코끼리는 쫓기듯 사육장 가운데로 향했어요. 몇 시간 동안 셀 수 없이 쇠꼬챙이에 찔리고 채찍을 맞은 뒤에야 간신히 한쪽 다리를 의자에 올리는 데 성공했어요. 그러나 의자가 너무 작아서 아기 코끼리는 휘청거리다 넘어지고 말았어요.

"한심한 녀석! 이렇게 간단한 동작도 제대로 하지 못하다니! 내일은 이쯤에서 끝내지 않을 줄 알아!"

조련사가 나가고 사육장의 철문이 덜컹 닫혔어요. 홀로 남겨진 아기 코끼리는 슬프고 두려웠어요.

"엄마! 어디 있어요! 도와주세요!"

아기 코끼리는 소리 내어 엄마를 불렀어요. 하지만 엄마 코끼리는 아기 코끼리의 목소리를 들을 수도, 아기 코끼리 곁으로 올 수도 없었어요. 사냥꾼이 아기 코끼리를 사로잡을 때, 엄마 코끼리의 목숨을 앗아 갔으니까요.

"새끼 코끼리를 산 채로 잡는 건 보통 일이 아닙니다. 어른 코끼리들이 새끼를 지키려고 달려드니까요. 특히 어미 코끼리는 끝까지 새끼를 포기하지 않아요. 그래서 새끼 코끼리들을 잡으려면 한 무리의 코끼리를 다 죽여야 하죠. 우리도 목숨을 내놓고 하는 일이니, 새끼 코끼리 값을……."

"보다시피 우리는 규모가 작은 서커스단이야. 그러니 제시한 값의 3분의 2를 주지."

아기 코끼리는 이렇게 사냥꾼에게 잡혀 서커스단에 팔렸던 거예요.

조련사는 아기 코끼리에게 '다바'라는 이름을 붙였어요. 다바는 날마다 조련사에게 혹독한 훈련을 받았어요. 매를 맞으며 힘든 재주를 하나 익히고 나면, 그다음에는 더욱 어려운 재주를 익혀야 했지요.

그렇게 시간이 흘러서 다바는 어른 코끼리로 자랐어요.

"이번에는 코끼리 다바가 여러분에게 즐거움을 선사하겠습니다!"

사회자의 목소리가 서커스 공연장 안을 쩌렁쩌렁 울렸어요. 다바는 조련사 아저씨를 등에 태우고 무대로 나갔어요. 환한 조명에 눈이 부시고, 사람들이 내지르는 함성과 박수 소리에 귀가 먹먹했어요. 다바는 조련사의 지시에 따라 숨 돌릴 틈도 없이 공연을 펼쳤어요.

"와! 잘한다!"

"하하! 신기하네!"

사람들은 손뼉을 치며 환호했지만, 다바는 조금도 기쁘지 않았어요. 자칫 공연에서 실수라도 한 날이면, 다바는 먹이도 제대로 얻어먹지 못했어요. 매를 맞으며 실수한 동작을 거듭거듭 되풀이해서 연습해야 했지요. 연습을 하고 무대에 오를 때를 제외하고는 늘 굵고 짧은 쇠사슬에 묶여 지냈어요. 무대에서도 무대 밖에서도 괴롭고 힘들기만 했지요.

세월은 흐르고 또 흘렀어요. 다바도 어느새 나이를 많이 먹었어요. 혹독한 훈련으로 다바는 몸 곳곳에 병이 들었어요. 무대에서 실수하는 일도 잦아졌지요. 조련사는 채찍으로 다바를 후려치며 말했어요.

"에잇! 쓸모없는 녀석!"

조련사가 사육장을 나간 뒤, 다바는 쓰러지듯 고단한 몸을 뉘였어요.

그로부터 얼마 뒤, 낯선 사람들이 다바를 찾아왔어요. 다바는 그들의 손에 끌려 커다란 화물선에 올랐지요. 찝찔한 바다 냄새를 맡으며 다바는 생각했어요.

'아마도 새로운 서커스단으로 가게 된 모양이군······.'

쿠푸의 이야기

이미 몇 차례나 여행객을 실어 나른 코끼리 쿠푸의 등 위로, 다시 주인과 여행객이 올라탔어요.

"쿠푸! 가자!"

주인은 명령에 쿠푸는 길을 따라 천천히 걸음을 내디뎠어요. 다리가 바윗덩이처럼 무거웠어요. 뜨겁게 내리쬐는 한낮의 햇볕에 목이 마르고 숨이 가빴지요. 등에 올린 나무 안장과 그곳에 탄 사람들이 점점 무겁게 느껴졌어요.

길은 풀밭을 지나 숲으로 이어졌어요. 숲 속 나무가 그늘을 드리웠지만, 숲길을 걷는 것은 더욱 힘들었어요. 오르막과 내리막이 많았고,

뾰족한 돌이나 딱딱한 나무뿌리가 발바닥을 찌르기도 했으니까요.

돌부리에 발바닥을 찔린 쿠푸는 저도 모르게 몸을 움찔했어요.

"쿠푸! 흔들리잖아!"

주인은 벼락같이 소리치며 발바닥을 찌른 돌보다 더 날카로운 쇠갈고리로 쿠푸의 귀 뒤를 찔렀어요. 쿠푸는 신음을 삼키며 몸을 바로 했지요.

저벅저벅 숲길을 걸어가는데, 맛있는 나뭇잎이 눈에 띄었어요. 배가 고팠던 쿠푸는 저도 모르게 길에서 벗어나 나무를 향해 코를 뻗었어요. 그러자 다시 쇠갈고리가 귀 뒤로 날아와 꽂혔어요.

"쿠푸! 한눈팔지 말고 똑바로 가라!"

수도 없이 찔려서 피딱지가 앉은 귀 뒤에는 다시 빨갛게 피가 솟았지요.

"와아! 재미있다!"

"캬! 멋진 풍경이야!"

쿠푸의 등에 탄 사람들은 너나없이 즐거운 목소리로 말했어요. 쿠푸가 풀밭과 숲을 한 바퀴 돌아서 내려놓으면 사람들은 특별한 경험을 했다며 신이 난 얼굴로 그곳을 떠나갔지요. 그러나 쿠푸는 다시 새로운 여행객을 태우고 그 길을 오가야 했어요.

여행객을 태우고 걷는 일은 날마다 끝도 없이 되풀이되었어요. 쿠푸의 발바닥에 난 상처는 아물 틈이 없었어요. 지나치게 걸은 탓에 가만히 있어도 무릎이 욱신욱신 아팠지요.

그러던 어느 날, 주인과 여행객을 태우고 걸음을 옮기는데 무릎이 견딜 수 없이 아팠어요. 쿠푸는 자리에 멈춰 서고 말았어요.

"뭐 하는 거냐! 빨리 걸어!"

주인이 소리쳤지만 쿠푸는 한 걸음도 내디딜 수 없었어요.

"쿠푸! 걸으란 말이다!"

주인이 쇠갈고리로 쿠푸를 사정없이 찔러 댔어요. 쿠푸는 온 힘을 다해 걸음을 뗐어요. 그 순간 엄청난 통증이 밀려왔어요. 휘청! 하고 무릎이 꺾였지요.

"어머머! 이 코끼리가 왜 이래?"

"쿠푸! 무슨 짓이냐!"

그날 쿠푸는 여행객을 태워 나르지 못한 벌로 주인에게 매를 흠씬 맞았어요. 고통에 신음하다 결국 정신을 잃고 말았지요.

얼마나 흘렀을까, 쿠푸는 다정한 손길에 슬며시 눈을 떴어요. 낯선 사람들의 모습이 눈에 들어왔지요.

'나더러 태워 달라는 건가? 하지만 이봐, 나는 지금 너무 아프다

네…….'

쿠푸는 다시 눈을 감아 버렸지요.

그로부터 얼마 뒤, 쿠푸는 커다란 화물 비행기에 실렸어요. 쿠푸는 생각했지요.

'나를 새로운 여행지로 데려가려는 모양이군…….'

뚜뚜와 따따의 이야기

 동물원의 문이 열리자, 소풍 가방을 메고 카메라를 든 사람들이 코끼리 사육장 앞으로 몰려왔어요. 엄마 코끼리 '뚜뚜'와 아기 코끼리 '따따'를 보며 말했지요.
 "우와! 저거 봐. 엄청나게 크다!"
 "아기 코끼리 귀엽다!"
 사람들은 신기하다는 듯 뚜뚜와 따따를 구경했어요. 찰칵, 찰칵! 사진도 찍어 댔지요. 그건 뚜뚜와 따따에게 익숙한 일이었어요.
 뚜뚜와 따따에게 익숙한 것은 그뿐이 아니에요. 한눈에 들어오는 좁은 사육장, 다져질 대로 다져져 풀포기조차 뿌리내리지 못하는 딱딱한 흙바닥, 성긴 그늘을 만드는 가느다란 나무 몇 그루. 뚜뚜와 따따에게는 사육장의 모든 것이 익숙하다 못해 지루했지요.

　물론 익숙해지지 않는 일도 있긴 했어요.

"여어! 가만히 있지 말고 움직여 봐라!"

　고약한 어른은 뚜뚜와 따따를 향해 돌멩이를 던졌어요.

"야! 이리 와 봐! 이거 먹어 보라고!"

　철없는 아이들은 먹지도 못하는 쓰레기를 사육장 안으로 던졌지요. 단체 관람객 수십 명이 우르르 몰려와 고함을 지르고, 큰소리로 웃기도 했어요. 그럴 때면 엄마 코끼리 뚜뚜는 혹시라도 날아온 돌에 따따가 맞을까 봐, 신경이 날카롭게 곤두섰어요. 아기 코끼리 따따는 시끄러운 소리에 짜증이 치밀었지요.

　뚜뚜와 따따는 구경꾼들에게 시달리는 게 괴로웠지만, 피할 곳도 없었어요. 실내 사육장은 사육사가 문을 열어 주어야만 들어갈 수 있거든요. 더욱이 실내 사육장은 끔찍하게 좁고 답답했어요. 희미한 등불이 달린 실내 사육장의 벽과 바닥은 딱딱한 콘크리트로 되어 있었어요. 그곳에 들어서면 차갑고 습한 공기가 온몸을 파고들었지요.

　사람들로 시끌벅적하던 동물원은 밤이 되면 다른 세상처럼 조용해졌어요. 따따는 엄마의 다리에 코를 비비며 말했어요.

"낮에도 사람들이 없으면 좋겠어요."

따따의 바람이 이루어진 걸까요? 동물원에 오는 사람들의 수가 차츰 줄어들었어요.

"이 동물원은 시시하지 않아?"

"응. 작고 허름한데다 동물들도 좀 이상해. 호랑이가 등을 돌리고 누워서는 아무리 소리를 질러도 꼼짝하지 않잖아."

"맞아. 늑대가 똥 마려운 강아지처럼 계속 오락가락하고. 우리 그만 가자!"

뚜뚜와 따따는 사람들의 발길이 뜸해진 것이 기뻤어요. 하지만 더욱 괴로운 일이 생겼어요.

"코끼리 녀석들은 먹어도 너무 먹어. 가뜩이나 동물원 손님도 줄어들었는데, 죽지 않을 정도면 충분하지."

동물원에서는 손님이 줄었다며, 뚜뚜와 따따에게 먹이를 제대로 주지 않았어요. 뚜뚜와 따따는 굶주림에 시달렸어요. 뼈가 드러날 정도로 앙상하게 야위어 갔지요. 아기 코끼리 따따는 힘이 없어서 제대로 걷지도 못했어요.

"엄마, 배가 고파요."

"아가, 조금만 참으렴."

"그럼 맛있는 풀과 나뭇잎을 실컷 먹을 수 있나요?"

"……."

따따의 말에 뚜뚜는 대답하지 못했어요.

'불쌍한 우리 아가.'

뚜뚜의 눈에는 눈물이 가득 고였지요.

그러던 어느 날, 사육장 문을 열고 낯선 사람들이 다가왔어요. 뚜뚜와 따따는 이전에 한 번도 보지 못한 이상한 장면을 보았지요. 사람들이 뚜뚜와 따따를 보며 웃음이 아닌, 눈물을 흘렸던 거예요.

그로부터 얼마 뒤, 뚜뚜와 따따는 커다란 화물 트럭에 실렸어요.

"엄마, 우리 어디로 가는 거예요."

호기심 많은 따따가 물었어요. 뚜뚜는 생각했어요.

'틀림없이 새로운 동물원으로 가게 되겠지.'

하지만 뚜뚜는 기대로 들뜬 따따에게 차마 그런 말을 해 줄 수 없었어요.

"글쎄다. 엄마도 잘 모르겠구나……."

뚜뚜는 불안한 마음을 감추며 이렇게 얼버무렸지요.

코끼리들의 이야기

　서커스단에서 공연을 하던 코끼리 다바, 여행지에서 여행객의 발이 되었던 코끼리 쿠푸, 동물원에 갇혀서 구경거리가 되었던 코끼리 뚜뚜와 따따는 긴 여행을 했어요. 몇 번의 이동 수단을 거친 뒤, 다바가 가장 먼저 목적지에 다다랐어요. 굳게 닫혀 있던 철창의 문이 덜컹 열렸지요.

　다바는 눈앞에 펼쳐진 풍경을 바라보며 어리둥절했어요. 끝없이 펼쳐진 들판이 파란 하늘과 닿아 있었어요. 길게 자란 풀들이 바람에 물결쳤지요. 그늘을 드리우는 나무들이 여기저기 서 있었어요. 저만치에는 맑은 물을 실컷 마시며 목욕을 할 수 있는 커다란 물웅덩이도 보였어요.

'아! 이곳은……. 엄마와 함께 살았던 고향과 닮았구나.'

다바는 철창 밖으로 걸음을 내디뎠어요. 폭신한 풀의 감촉이 느껴졌지요. 그곳에 있던 사람들이 다바를 향해 다정한 목소리로 말했어요.

"다바! 이제부터 너는 여기서 사는 거야."

"코끼리 동산에서는 무엇을 하든, 어디를 가든 코끼리 마음이란다!"

다바는 사람들을 지나 성큼성큼 앞으로 걸어갔어요. 서커스단에 팔려 간 뒤로 한 번도 보지 못했던 물웅덩이로 향했지요.

얼마 뒤 쿠푸가 도착했어요. 쿠푸는 절뚝거리며 철창 밖으로 나왔어요. 그동안 치료를 받은 덕에 무릎의 통증이 한결 덜했지요. 쿠푸는 사람들 앞에 우뚝 멈춰 섰어요. 사람들은 쿠푸의 콧등을 토닥이며 말했어요.

"쿠푸! 여기서는 아무도 네 등에 올라타지 않아. 더는 사람을 태우고 쉼 없이 걷지 않아도 돼."

어리둥절해 있던 쿠푸는 한참만에야 천천히 걸음을 옮겼어요. 시원한 나무 그늘로 향했지요. 쿠푸는 폭신한 풀 위에서 달콤한 낮잠에 빠졌어요.

마지막으로 뚜뚜와 따따가 코끼리 동산에 도착했어요. 따따는 휘둥그레진 눈으로 말했어요.

"엄마, 여기를 좀 보세요. 끝도 없이 넓고 맛있는 풀도 많아요!"

따따는 철창 밖으로 달려 나갔어요. 뚜뚜는 믿기지 않는 듯이 말했지요.

"이런 곳이 있다니. 꿈만 같구나!"

뚜뚜와 따따에게는 눈앞의 모든 것이 새롭고 신기했어요. 풀밭을 걷는 느낌도, 초원의 싱그러운 바람도, 그리고 자유도 처음이었지요.

코끼리 동산에서 코끼리들을 보살피는 사람들은 환하게 웃으며 말했어요.

"하하. 따따 좀 보게. 좋아서 야단이군."

사람들의 말처럼 신이 나서 돌아다니던 따따가 뚜뚜에게 말했어요.

"엄마! 저기 물웅덩이가 있어요."

따따는 물웅덩이를 향해 달려갔어요. 뚜뚜도 따따의 뒤를 따랐지요. 물웅덩이에서 목욕을 하고 있던 다바가 따따에게 말했어요.

"아가, 어서 오렴. 목욕은 이렇게 하는 거란다!"

다바가 코로 물을 빨아올려서 몸을 향해 내뿜자, 시원한 물보라가 튀었어요.

"와아! 재미있겠다!"

따따는 첨벙첨벙 물웅덩이로 뛰어들었어요. 뚜뚜도 물웅덩이에서 물을 마시고 목욕을 했어요. 낮잠에서 깨어나 그 모습을 지켜보던 쿠푸도 몸을 일으켰어요.

"푹 쉬었으니, 나도 목욕이나 해 볼까?"

다바, 쿠푸, 뚜뚜와 따따가 내뿜는 물보라에 반짝이는 햇살이 비추었어요. 코끼리 동산의 물웅덩이에는 작은 무지개들이 떴지요. 그리고 저 멀리 하늘과 닿은 들판의 끝에서는 코끼리 떼가 새로운 친구들을 맞으러 다가오고 있었답니다.

우리가 즐거운 만큼 동물들도 즐거울까?

> 사람들을 위해 동물들이 '오락 상품'이 되었어!

　야생에서 동물들은 본능에 따라 자유롭게 살아가. 저마다 삶의 터전인 숲과 초원, 바다를 마음껏 누비고, 무엇을 먹을지 결정해서 스스로 먹이를 구하고, 어미에게 살아가는 법을 배우고, 마음 맞는 친구와 어울려 놀고, 가족과 무리를 보살피기도 하지.
　하지만 이런 자유와 즐거움을 모조리 빼앗긴 채 사람들의 즐길

거리로 이용되는 야생 동물들이 있어. 우리에 갇혀서 구경거리가 된 동물원의 동물들, 서커스단에서 쇼를 하는 동물들, 관광지에서 여행객을 실어 나르는 동물들, 다양한 체험 프로그램에 이용되는 동물들이지.

사람들은 동물원에 놀러 가는 걸 좋아해. 주변에서 볼 수 없는 다양한 동물을 흥미롭게 구경하고 사진도 찍으며 즐거워하지. 동물들이 별의별 재주를 다 부리는 동물 쇼는 인기가 끝내줘. 동물 쇼를 구경하면서 사람들은 박수를 치고 환호한단다. 관광지에서 코끼리나 낙타 타기, 해상 동물 공원에서 돌고래와 헤엄치기 같은 체험 프로그램도 참여하려는 사람들로 북적북적해. 하지만 말이야. 우리가 즐거운 것처럼 그 동물들도 즐거울까?

동물원에 있는 동물들의 행동이 이상해!

동물원의 사육장은 동물들이 야생에서 사는 공간과는 비교할 수 없을 정도로 비좁아. 힘껏 달릴 수도, 실컷 헤엄칠 수도, 훨훨 날아다닐 수도 없지. 사육장 안의 모습도 다채로운 자연환경과는 사뭇 달라. 나무가 울창한 숲, 우거진 덤불, 크고 작은 바위들, 넘실거리는 풀밭, 시원한 물웅덩이 같은 건 사육장 안에 없어. 함께 지내는 친구나 가족도 아예 없거나 있더라도 아주 적지. 여기에 늘 사람들이 몰려와서 시끄럽게 떠들어 대고, 먹이는 사육사가 주어야만 먹을 수 있어. 모든 것이 자연에서 사는 것과 다른 거야.

한 예로, 코끼리는 30~40마리 정도가 무리를 이루고 살아. 하루에 약 30킬로미터 정도를 18시간 동안 천천히 이동하면서 좋아하는 일을 한단다. 폭신한 풀밭을 걸으며 먹이를 찾아 먹고, 무더운 한낮이 되면 시원한 나무 그늘에서 낮잠을 자. 잠에서 깨면 가장 좋아하는 물놀이를 하기 위해 물웅덩이를 찾아 가지. 아기 코끼리들은 물웅덩이 가장자리에서 진흙 미끄럼을 타고 코로 물을 뿌리며 장난도 쳐.

그러나 동물원의 코끼리는 겨우 두어 마리가 함께 살아. 사육장 바닥은 흙이 다져질 대로 다져져 딱딱하거나 차가운 콘크리트로 되어 있지. 사육장을 다 도는 데는 5분도 걸리지 않아. 그러니 코끼리에게 동물원의 사육장이 얼마나 좁고 답답하게 느껴질지 상상이 가니? 동물원의 북극곰은 야생에서 사는 북극곰에 비해 무려 백만 배나 좁은 공간에서 산다고 해.

좁은 사육장에서 답답하고 지루하게 사는 동물들은 절망에 빠지거나 심한 스트레스를 받아. 그래서 야생에서 살 때는 하지 않는 이상한 행동을 하지. 곰이 머리를 위아래로 계속 흔들고, 호랑이가 온종일 누워서 잠만

자고, 늑대가 우리 안을 오락가락하고, 원숭이가 자꾸만 자신의 털을 잡아 뽑는 거야. 이렇게 의미 없이 반복하는 이상한 행동을 일컬어

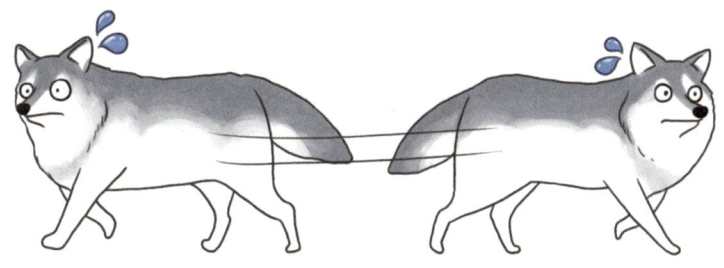

'이상 행동' 혹은 '정형 행동'이라고 하는데, 동물원에서 살아가는 많은 동물이 정형 행동을 보여.

이제 동물원이 변해야만 해!

세계 최초의 동물원은 1828년 영국에서 문을 연 '런던 동물원'이야. 당시 영국은 여러 나라를 식민지로 삼아 지배했는데, 그곳에 있는 다양한 동물들을 잡아가서 전시했지. 그 뒤로 동물원은 꾸준히 늘어나서 오늘날에는 전 세계에 1만 개가 넘는 동물원이 있다고 해.

동물원은 사람들에게 즐거움을 주는 곳으로 인기를 끌지만, 동물들이 고통받는다는 사실이 알려지면서 동물원을 없애거나 지금과 달라져야 한다는 목소리가 높아지고 있어. 그래서 세계의 여러 동물원이 '동물 행동 풍부화 프로그램'을 운영하고 있어.

동물 행동 풍부화 프로그램은 사육장을 최대한 자연환경처럼 꾸며 주고, 동물들이 야생에서 살 때처럼 행동하도록 돕는 거야. 곰이 올라갈 수 있는 나무 시설물을 만들어 주고, 원숭이가 옮겨 다니거나 매달릴 수 있는 밧줄을 매 주고, 코끼리에게는 목욕할 수 있는 물웅덩이를, 하마에게는 뒹굴 수 있는 진흙탕을 만들어 주는 거지. 또 기린에게 먹이를 줄 때 먹이통을 높은 곳에 매달아서 긴 목을 숙이지 않고 먹을 수 있게 하고, 사육장 곳곳에 먹이를 숨겨 놓은 다음에 동물이 직접 찾아서 먹게 한단다. 우리나라 서울대공원에서도 2003년부터 동물 행동 풍부화 프로그램을 실시하고 있어.

하지만 동물 보호 운동가들은 이런 프로그램이 동물들의 고통을 조금밖에 줄여 주지 못한다고 말해. 동물원에 동물들을 가두어 놓는 것은 결코 동물을 위해서가 아니라, 인간의 즐거움을 위해서지. 진정으로 동물을 행복하게 해 주려면, 동물이 자연에서 습성대로 살게 해 주고, 그들이 사는 곳을 보존해 주어야 한다고 이야기한단다.

서커스단의 동물 쇼에는 불편한 진실이 숨어 있어!

코끼리가 코와 앞발로 버티고 서서 물구나무를 서고, 곰이 공을 굴

리고, 호랑이가 불붙은 링을 뛰어넘고……. 동물 쇼에서 동물들이 선보이는 신기한 재주는 야생에서 살아가는 같은 동물은 하지 않는 행동이야. 서커스단의 동물들은 어떻게 이런 재주를 익혀서 사람들에게 즐거움을 선사하는 걸까?

동물들이 무대에 올라서 재주를 부리는 것은 결코 사람들을 즐겁게 하기 위해서가 아니야. 스스로 좋아서 하는 건 더더욱 아니지. 코끼리 조련사가 휘두르는 막대기 끝에는 뾰족한 쇠갈고리가 달려 있어. 조련사는 재주를 가르치거나 무대에서 공연을 할 때, 그 쇠갈고리로 코끼리의 살갗 중에서 가장 보드랍고 약한 귀 뒤, 얼굴, 무릎 뒤 등을 찔러서 명령을 따르게 해. 사나운 사자나 호랑이, 곰 등을 조련할 때는 매서운 채찍질을 하고, 나무 몽둥이로 세게 때리거나 전기 충격을 주기도 한단다. 그러니 동물 쇼를 하는 동물들은 아픈 매를 이기지 못한 채 두려움에 떨며 재주를 익히고 무대에서 공연을 하는 거야.

동물 쇼에 이용되는 동물들은 아주 좁은 우리에 갇혀 살아. 사자, 곰, 호랑이 등은 쇠창살로 된 우리에 갇혀서 먹고 자고 똥오줌을 눠. 코끼리는 공연장 한쪽에서 굵은 쇠사슬에 묶여서 지낸단다. 우리에서 벗어나거나 쇠사슬에서 풀려날 수 있는 시간은 연습할 때와 공연할 때뿐이지.

수족관에 갇힌 돌고래의 슬픈 이야기

해상공원에서 살아가는 돌고래들은 동물원의 동물처럼 구경거리도 되고, 서커스단의 동물들처럼 동물 쇼에 이용되기도 해. 또 돌고래와 수영하기 같은 체험 프로그램에 이용되는 경우도 있지.

돌고래들은 대부분 바다에서 무리 지어 살다가 돌고래 사냥꾼들에게 사로잡혀서 해상공원으로 팔려 와. 사냥꾼들은 돌고래 무리 가운데서 일부만 살려 두고 나머지는 죽여서 고래 고기로 팔아 버려. 가족과 친구들의 죽음을 지켜보고, 수족관에 갇혀서 살게 된 돌고래들은 마음에 심한 상처를 입는단다.

하루에 수십 킬로미터를 헤엄치며 드넓은 바다를 누비는 돌고래들에게 수족관은 감옥이나 마찬가지야. 쇼를 벌일 때 사람들이 내지르는 환호 소리도 귀가 예민한 돌고래들에게 엄청난 스트레스를 주지. 돌고래는 자연 상태에서는 죽은 물고기를 먹지 않아. 하지만 수족관에서는 죽은 물고기 몇 마리를 얻어먹기 위해 높이 뛰어오르고,

링을 통과해야 해. 돌고래와 수영하기 체험 프로그램에 참가한 사람들을 끌고 헤엄을 쳐야 하고 말이지.

돌고래는 자연 상태에서 30년이 넘게 살아. 그러나 수족관에서 사는 돌고래들은 극심한 스트레스 때문에 사로잡힌 지 2년 안에 절반이 죽고, 나머지도 5년 남짓밖에 살지 못한다고 해. 그사이에 한 방향으로 빙글빙글 돌거나 물 위에 떠서 꼼짝도 하지 않는 이상 행동을 보이기도 하지.

동물 쇼를 금지하자는 목소리가 높아지고 있어!

야생 동물을 즐길 거리로 삼는 것을 비난하는 목소리는 점점 높아지고, 반대하는 사람도 늘고 있어. 유럽의 19개 나라를 비롯해서 브라질, 인도, 멕시코 등 세계 여러 나라에서 야생 동물을 이용한 서커스를 금지했지.

우리나라도 수족관에 갇혀 지내는 돌고래들을 바다로 돌려보내고 있어. 2013년에 처음으로 돌고래 제돌이, 춘삼이, 삼팔이를 고향으로 보내 주었단다. 이들은 제주도 앞바다에서 살던 남방큰돌고래인데, 멸종 위기 동물로 보호를 받고 있었어. 그런데 2009년에 열한 마리가 불법 포획되어서 수족관에 갇혀 살게 된 거야. 4년이 흐르는 동안 이미 여섯 마리가 죽었고, 태산이와 복순이는 몸이 아파서 바다로 돌려보낼 수 없었어. 하지만 제돌이, 춘삼이, 삼팔이는 바다로 돌려보내 주었지. 2015년에는 건강을 회복한 태산이와 복순이도 고향으로 돌아갔어. 2017년 7월에는 금등이와 대포라는 남방큰돌고래도 수족관에서 풀어 주었단다. 바다로 돌아간 제돌이와 태산이, 복순이는 지금까지 무리와 어울리며 잘 지내고, 춘삼이와 삼팔이는 야생에서 새끼까지 낳았다는구나. 하지만 아직도 수족관에 갇혀 지내며 쇼에 이용되는 돌고래도 많아.

다양한 오락에 희생되는 동물들이 아직도 많아!

동물원과 동물 쇼 이외에도 사람들은 갖가지 즐길 거리에 동물을 이용해. 관광지에서는 코끼리, 낙타, 말 등에게 여행객을 태우고 정

해진 길을 날마다 오고 가는 일을 시켜. 사람들이 동물의 등에 올라타는 것을 신기한 체험처럼 즐기기 때문에 돈벌이가 되거든.

잘 달리는 말들은 트랙을 따라서 빠르게 달려야 하는 '경마'에 이용되기도 해. 사람들은 어느 말이 이길지를 두고 내기를 하지. 경주마는 최선을 다해서 달려야 하기 때문에 경기 한 번만으로도 쓰러질 만큼 기진맥진해져. 경주를 하다가 발목이 부러지는 큰 부상을 입기도 하고, 너무 힘든 나머지 경기가 끝나고 쓰러진 채 영영 일어나지 못하고 목숨을 잃는 경우도 있지.

또 사람들은 동물끼리 싸움을 붙이고, 이를 즐기며 도박도 벌여. 닭끼리 싸우게 하는 투계, 개끼리 싸우게 하는 투견 등이 그 예지. 싸움은 몹시 치열해서 동물들이 크게 다치거나 목숨을 잃는 일이 허다해. 많은 나라가 동물 싸움을 금지하지만, 여전히 허용하는 나라도 있고, 감시의 눈을 피해서 몰래 벌어지는 경우도 많아.

여기에 사람들은 고기나 가죽이 필요해서가 아니라, 재미 삼아 야생 동물을 죽이는 사냥도 해. 미국과 캐나다 등에서는 사냥을 스포츠로 생각하

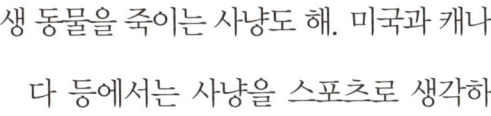

는 사람도 많다고 해. 이들은 사냥감이 많은 아프리카로 여행을 가서 사냥하기도 한다는구나.

모든 동물이 행복한 세상을 위해 우리는 어떤 일을 할 수 있을까?

먹을거리로 여겨지며 좁은 사육장 안에서 고통스럽게 살아가는 농장의 동물들. 따뜻하고 보드라운 털가죽을 지녔다는 이유로 산 채로 가죽이 벗겨지는 동물들. 인간의 안전을 위해 끔찍한 실험의 대상이 되는 동물들. 인간과 마음을 나누며 더불어 살다가 하루아침에 길에 버려지는 동물들. 감옥 같은 동물원에 갇혀서 구경거리가 된 동물들. 혹독한 매질을 당하며 재주를 부려야 하는 동물들. 재미 삼아 죽임을 당하는 동물들…….

이처럼 고통받는 동물들을 돕기 위해서 많은 단체와 사람들이 애쓰고 있어. 동물을 학대하는 곳을 찾아서 고발하고, 어려운 처지에 있는 동물들을 구해 돌봐 주어. 사람들에게 동물 복지나 동물 권리를 알리는 캠페인을 벌이기도 하지. 또 많은 나라가 법과 제도를 만들어 동물을 보호하려는 노력을 기울이고 있단다.

하지만 이들의 노력에는 한계가 있어. 갖가지 방식으로 이용되는 동물이 너무나 많고, 법을 피해서 몰래 학대하기도 하니까. 동물이 고통에서 벗어나 본래의 습성대로 행복하게 살 수 있으려면, 더 많은 사람의 관심과 노력이 필요하단다. 그렇다면 우리는 어떻게 동물을 도울 수 있을까?

먼저, 동물 제품을 살 때는 꼼꼼히 따져 보고, 가능하면 동물 제품의 소비를 줄이는 방법이 있어. 조금 귀찮더라도 동물 복지 마크를 확인해 보자. 좀 더 값을 치르더라도 동물 복지 기준을 따르는 농장에서 생산된 달걀과 고기를 선택한다면, 농장 동물들은 지금보다 훨씬 나은 환경에서 살 수 있어. 동물 실험을 한 제품을 사용하지 않는다면 실험실에서 희생되는 동물을 줄일 수 있어. 모피 옷을 입지 않는다면 털가죽 때문에 죽는 동물의 수를 줄일 수 있지. 또, 반려동물을 기를 때는 사랑하는 마음과 함께 끝까지 책임지는 태도가 필요해. 만약 새로운 반려동물을 맞이하고 싶다면, 동물 가게에서 충동적으로 살 게 아니라 충분히 고민한 뒤 유기 동물 보호소에서 입양하는 게 좋지. 동물 쇼를 보러 가지 않고, 동물 체험 프로그램에 참여하지 않는 것은 즐길 거리에 이용되는 동물을 도울 수 있는 방법이란다. 여기에 동물 보호 단체에 기부를 하거나 그들의 활동을 지지하는 것도 도움이 돼.

동물들은 아무리 고통에 몸부림치고 울부짖어도 스스로의 힘으로는 고통에서 벗어날 길이 없어. 하지만 지금보다 더 많은 사람이 고통받는 동물을 돕기 위해 노력한다면 달라질 수 있어. 동물들의 행복한 삶을 위해 우리 함께해 보자.

동물 보호의 기본 원칙

우리나라에서는 다음과 같은 '동물 보호의 기본 원칙'을 법으로 정해 두었어. 누구든지 동물을 기르거나 관리하고 보호할 때는 다음과 같은 원칙을 지켜야 한단다.

1. 동물이 본래의 습성과 타고난 모습대로, 정상적으로 살 수 있도록 할 것.

2. 동물이 목마름과 굶주림을 겪거나 영양이 부족하지 않도록 할 것.

3. 동물이 정상적인 행동을 표현할 수 있고 불편함을 겪지 않게 할 것.

4. 동물이 고통을 겪거나 해를 입거나 질병으로 고통받지 않도록 할 것.

5. 동물이 두려움을 느끼거나 스트레스를 받지 않도록 할 것.

관련 교과 정리

〈3학년 1학기 과학〉 동물의 한살이

〈3학년 2학기 과학〉 동물의 생활

〈3학년 도덕〉 생명을 존중하는 우리

〈4학년 2학기 사회〉 경제생활과 바람직한 선택

〈6학년 1학기 과학〉 생물과 환경

국어, 사회, 과학, 기술, 도덕, 경제까지
교과목 공부가 되고 세상의 눈을 키우는 상식도 쌓아주는
사회과학 동화 시리즈

공부가 되고 상식이 되는! 시리즈 ❶

어린이 생활 속 법 탐험이 시작되다!
신 나는 법 공부!

변호사 선생님이 들려주는
흥미진진한 법 지식과 리걸 마인드 키우기!

장보람 지음, 박선하 그림 | 168면 | 값 11,000원

공부가 되고 상식이 되는! 시리즈 ❷

동화로 보는 착한 소비의 모든 것!
미래를 살리는 착한 소비 이야기

친환경 농산물, 동네 가게와 지역 경제,
대량생산vs동물복지, 저가상품vs공정상품

한화주 지음, 박선하 그림 | 148면 | 값 11,000원

공부가 되고 상식이 되는! 시리즈 ❸

똑똑한 경제 습관과 금융 IQ를 길러 주는
어린이 금융경제 교육
적금은 뭐고 펀드는 뭐야?

동화로 보는 어린이 금융경제 교육의 모든 것!

김경선 지음, 박선하 그림 | 120면 | 값 11,000원

공부가 되고 상식이 되는! 시리즈 ❹

우리가 소셜 미디어를 하면서
반드시 알고 지켜야 할 것들의 모든 것!
미래를 이끄는 어린이를 위한 소셜 미디어 이야기

1인 미디어, 실시간 정보검색, 온라인 인간관
계 길잡이, 올바른 SNS 사용규칙

한현주 지음, 박선하 그림 | 152면 | 값 11,000원

국어, 사회, 과학, 기술, 도덕, 경제까지
교과목 공부가 되고 세상의 눈을 키우는 상식도 쌓아주는
사회과학 동화 시리즈

공부가 되고 상식이 되는! 시리즈 ❺

동화로 보는 SW교육, 사물인터넷, 인공지능 로봇,
로봇 세상의 생활과 진로!

어린이를 위한
인공지능과 4차 산업혁명 이야기

과학 기술과 데이터, 로봇과 공존하는
인공지능 시대를 살아갈 어린이 친구들을 위한
과학 동화

김상현 지음, 박선하 그림 | 163면 | 값 12,000원

공부가 되고 상식이 되는! 시리즈 ❻

동화로 보는 '4차 산업혁명 시대'에 따뜻한 기술이
가져오는 행복한 미래와 재미난 공학

어린이를 위한
따뜻한 과학, 적정 기술

어린이를 위한 "따뜻한 기술과 윤리적인 과학"
에 대한 흥미롭고도 실천적인 이야기!

이아연 지음, 박선하 그림 | 163면 | 값 12,000원

공부가 되고 상식이 되는! 시리즈 ❼

포장 쓰레기의 여정으로 살피는
소비, 환경, 디자인, 새활용, 따뜻한 미래 이야기

미래를 위한 따뜻한 실천,
업사이클링

버려진 물건에게 새 삶을 주는
따뜻한 실천에 대한 흥미진진한 이야기!

박선희 지음, 박선하 그림, 강병길 감수 | 144면 | 값 12,000원